KB106333

우리 내부의 불필요한
잡음을 제거하라

Cutting Through the Noise

우리 내부의 불필요한 잡음을 제거하라

NOISE

Cutting Through the

노마 다빌라 · 완다 피나 라미레즈 지음 / 박철 옮김

우리 내부의 불필요한 잡음을 제거하라

– 『Cutting Through the Noise』 한국어판

발행일 2024년 3월 15일

지은이 노마 다빌라, 완다 피나 라미레즈
옮긴이 박철
펴낸이 손형국
펴낸곳 (주)북랩
편집인 선일영
편집 김은수, 배진용, 김다빈, 김부경
디자인 이현수, 김민하, 임진형, 안유경, 한수희
제작 박기성, 구성우, 이창영, 배상진
마케팅 김회란, 박진관
출판등록 2004. 12. 1(제2012-000051호)
주소 서울특별시 금천구 가산디지털 1로 168, 우림라이온스밸리 B동 B113~115호, C동 B101호
홈페이지 www.book.co.kr
전화번호 (02)2026-5777
팩스 (02)3159-9637

ISBN 979-11-93716-92-2 03320 (종이책) 979-11-93716-93-9 05320 (전자책)

마누엘과 맘마에게

프랭크, 넬시, 마미, 테레, 아부엘로 렐로,

파피 라피와 파드레 도밍고에게

루이스 산티아고에게

목차

머리말(foreword)

여러분이 하는 모든 일에서 성과를 내기 위해 자신을 헌신할 때, 당신의 날들로 만들어가는 방식에 대하여 더 크고 긍정적인 자부심을 느끼기 시작할 것이다. 이것은 자기존중과 자신감을 차례로 증가시키고 다시 더 큰 에너지와 열정을 방출시키게 된다. 여러분은 자신에 대하여 좋은 감정을 갖게 될 것이다.

자신에 대해 기분이 좋은 사람들은 훌륭한 일을 하고 놀라운 것들을 창조한다. 그리고 이것은 차례대로 우수성에 대한 그들의 기준을 더 높이도록 만든다. 그것은 사람들이 계속해서 즐거움, 의미, 그리고 내적인 평화를 지속적으로 상승시키는 나선형 구조를 가지고 있다.

- 로빈 샤르마

직원몰입은 무엇인가? 몰입은 관리자 및 비즈니스와 무엇이 연관되어 있는가? 새로운 세대의 구성원들과 함께 몰입이라는 단어의 정의가 어떻게 바뀌었는가? 관리자로서 여러분들은 직원들을 몰입시키는 목표를 달성할 수 있는가? 여러분이 그렇다 하여도 그들은 어느 정도까지 몰입하게 될 것인가? 구성원들에게 몰입은 어떤 의미인가?

여러분이 읽으려는 이 책은 고전적인 의미의 책은 아니다. 이것은 단순한 책 그 이상이다. 여러분의 인적자원에 대한 현실적이고 실질적 몰입 수준을 평가하고 개발하는 과정에서 사용할 수 있는 매우 중요한 도구이다.

『불필요한 잡음을 제거하라: 당신의 올바른 직원몰입 전략』은 관리자에게 직원몰입이라는 용어의 진정한 의미를 부여하고 당신이 갖는 비즈니스 중요성에 관하여 완전하고 포괄적인 이해를 제공하기 위해 고려하고 설계하고 개발하여 작성되었다.

이 책은 반드시 처음부터 끝까지 읽도록 설계된 것은 아니다. 이것은 실용적이고 이해하기 쉬운 작업 설명서이고 여러분을 도전하게 할 것이다. 그리고 우리가 알고 있는 바와 같이, 몰입에 대한 여러분의 선입견을 없애고 다양한 생각과 성찰을 할 수 있도록 할 것이다. 읽다 보면, 여러분이 신중하게 결정한 내용이 공격적으로 질문을 받을 수도 있으며 과거의 패러다임으로부터 벗어날 필요가 있을지도 모른다는 것을 정확하게 느낄 것이다.

패러다임을 깬다는 내용은 1장에서 시작하는데 여기서 저자들은 여러 진술과 관련된 "사실과 속설"의 질문에 답할 수 있다. 그 대답은 당신의 눈과 당신의 회사를 자기 발견적인 항해로 이끌어줄 것이고 당신이 수행하는 업무에 있어 새로운 방식으로 당신을 이끌 것임에 틀림이 없다.

이 책은 저자들이 조직문화를 "일상적으로 사업이 수행되는 방식을 정의하는 특정한 일터의 태도, 신념, 가치, 기대, 지식, 언어, 기회, 구조 및 자원"으로 정의하는 것으로부터 시작하여 여러분을 여행으로 안내한다. 또한 이러한 각 특성에 대해 여러분이 평가하고 가능한 행동 과정을 고려할 수 있는 가상의 상황을 발견할 것이다.

결국 이 여정은 관리자를 직원몰입의 롤 모델로 바꾸는 궁극적인 목표로 당신을 인도할 것이다. 이 목표를 달성하기 위해서 당신과 당신이 속한 회사는 변화를 이해하고 받아들일 필요가 있다. 변화는 과정이다. 인식은 분명히 변화보다 선행하기 때문에 당신이 무언가를 변화시킬 수 있으려면 당신이 그것에 정말로 관심을 가져야 하고 그에 따라 수반되는 두려움을 극복해야 한다는 것을 배울 것이다.

이 여정 동안 다양한 테이블, 체크리스트, 그리고 경청 노트가 목표를 향한 올바른 길로 여러분을 유지시켜줄 것이다. 저자들은 직원몰입의 기둥이 신뢰와 존중이고, 듣는 것은 "그들이 말하지 않는 것을 듣는 것"이며, "하나의 사례가 모든 것에 적합한 것은 아니다"라는 사실에 대해 말한다. 이 책의 목적을 달성하기 위해서 여러분이 독자이자 관리자로서 학습과정에 정말로 몰입한다면 여러분을 포함한 여러분의 회사에 그 성공 수준을 높일 수 있을 것이다.

2006년 ISR 글로벌 리서치가 실시한 연구 결과에 따르면, 직원몰입도는 회사의 수익에 직접적으로 영향을 미친다. 간단히 말해, 직원몰입도가 높은 회사는 직원몰입도가 낮은 회사보다 재정적으로 더 우수할 가능성이 높다.

요약하자면, 오늘날 경제적 기업 상황에서 높은 수준의 직원몰입을 달성하는 것의 중요성은 결코 간과되어서는 안 될 것이다. 이 책은 여러분의 회사에서 가장 높은 수준의 직원몰입을 추구하기 위한 여정에서 올바른 길을 안내해줄 것이다.

엘데폰소 로페즈-모랄레스

서문(preface)

지금 우리는 직원몰입이 과거의 일이라는 말을 그 어느 때보다 많이 듣는다. 이게 사실인지는 모르겠지만, 사람들이 예전과 같은 방식으로 몰입하지 않을 것이라고 확신한다. 우리는 사람들이 몰입을 한다고 믿지만, 달라진 것은 우리가 누구와 몰입하고 그 몰입을 어떻게 처리해야 하는지에 대한 것이다.

문제는 직원들을 어떻게 몰입되게 하는가이다.

지난 몇 년 동안, 몰입은 "이름"과 "브랜드"에 더 중점을 두었다.

그러나 직원과 경영진이 더 긴밀한 관계를 형성함에 따라 이러한 관계는 가치와 중요성을 갖게 된다. 관리자 또는 사업주로서 여러분은 직원뿐만 아니라 회사에 대한 몰입의 성장, 유지, 성숙 및 지속 가능성에 있어 기본이 된다.

다음과 같은 가상의 시나리오를 고려해보기 바란다.

» 당신은 관리자이거나 관리자였거나 관리자가 될 것이다.

» 당신은 직원몰입에 대해 더 알고 이해하기를 원한다.

» 당신은 당신의 비즈니스와 직원을 위한 직원몰입의 중요성을 알고 있다.

» 당신은 가정에 도전하고 자신과 자신의 몰입 수준을 잘 살펴볼 준비가 되어 있다.

» 당신은 때때로 자신의 생각을 검증하고 이의를 제기할 수 있는 워

크북을 찾고 있다. 이러한 워크북은 다른 사람들의 경험을 기반으로 구성된다.

» 다음번 직원 설문조사 전에 몰입 결과에 대한 조치를 취하라는 요청을 받았다.
» 경영 관행이나 학습 및 개발을 통해 직원몰입을 높이는 데 기여할 수 있는 방법에 대한 아이디어를 찾고 있다.
» 당신은 직원들의 삶에 변화를 줄 수 있다고 믿고 있다.
» 당신은 직원몰입도를 높이기 위해 당신의 업무를 지원하고 싶다.
» 당신은 상호적인 경험을 할 준비가 되어 있다.

만약 이러한 시나리오 중 어느 하나라도 익숙하게 보이거나 관리자, 리더 또는 둘 다 의도하고 있고 직원몰입도를 높이기 위한 실무 중심의 제안을 찾고 있다면 이 책은 여러분을 위한 것이다.

우리는 당신이 현재 활용할 수 있는, 직원몰입에 관한 다양한 책의 중요성을 인정한다. 따라서 우리가 이 책이 어떤 것이라고 설명하기 전에 우리가 이 책에서 다루지 않는 것이 무엇인지 분명히 밝히는 것이 중요하다.

이 책은 직원몰입에 관한 통계와 연구를 검토한 것이 아니다. 직원몰입에 관한 사례연구 발표도 아니다. 그리고 직원몰입 이론에 관한 긴 설명을 기록한 것도 아니다.

이 책은 여러분이 배운 것을 여러분의 조직, 회사 또는 조직의 특정 상황에 적용할 수 있는 가이드와 워크북이라고 생각하면 좋겠다. 우리는 직원몰입을 연구한 다른 사람들의 사례를 인용하지만, 이 책은 주로 다양한 역할을 하는 여러 조직의 관리자들과 함께 일한 경험을 바탕으로 구성된 것이다. 따라서 각 장을 살펴보면서 여러분에게 적합한 정보를 찾고 스스로 성찰할 수 있는 기회를 얻기 위한 것이다.

"학습하자마자 학습한 것을 사용하여 잊지 않도록 하는 것"의 중요성을 확고하게 지지하는 사람들로서, 마치 우리가 여러분과 어딘가에 앉아 커피나 차 한잔을 마시며 직원몰입에 대해 이야기하는 것처럼 내용과 상호작용할 수 있는 질문과 연습할 수 있는 내용이 포함되어 있다. 모든 장에는 질문에 대한 답, 테이블 또는 체크리스트 작성, 생각에 도움이 되는 계획 수립에 유용한 "이제 여러분 차례입니다"의 항목이 포함되어 있다. 그리고 모든 장에는 "귀를 기울이세요"라는 노트를 포함하여 직원몰입 여정을 통해서 기억해야 할 정보를 제공하고 있다. 또 각 장의 끝에서 우리가 논의한 주요 요점을 요약해서 제공하고 있다.

또한 우리는 학습 도구로서 이 이야기가 갖고 있는 힘을 지지한다. 그래서 책 전체에 다양한 점을 설명하기 위해 사례를 포함시켰다.

이 사례들은 전적으로 가설에 기초한 것이며, 특정한 조직이나 개인을 비유하지는 않는다. 이 사례들은 우리가 경험을 바탕으로 만든 다양한 개인과 조직의 합성물이다.

비록 우리는 이 책을 다 읽어보기를 바라지만, 특히 눈에 띄는 몇 가지 주제에만 관심을 가질 수 있다는 것도 이해한다. 만약 그렇다면, 나중에 책의 처음으로 돌아가길 바란다.

이것은 당신의 책이다. 당신에게 더 이해가 되는 방식으로 사용하기 바란다.

이제 여행을 시작하겠다.

노마 다빌라와 완다 피나 라미레즈

감사문

이 프로젝트는 아이디어에서 시작하여 몇 달 동안 지도, 지원, 그리고 피드백을 제공해주신 많은 분들의 호의와 행동으로 여러분이 읽을 수 있게 된 것이다. 때로는 생각을 바꾸거나 한계를 확장하기 위해 필요한 것은 단어, 몸짓, 참고 문헌, 문자 메시지, 또는 농담뿐이었다. 터널 끝의 빛이 보이지 않았을 때, 그들은 이미 터널 반대편에서 파티를 열고 있었다. 우리가 이 작업을 잠시 중단해야 할 때, 그들은 우리를 위해 그곳에 있었다. 우리가 인쇄 오류를 발견하거나 무언가가 말이 되는지 확인할 수 없을 때, 그들은 원고를 읽고, 읽고, 그리고 또 읽고, 우리가 원하는 독자인 여러분에게 무엇이 유용할까 생각하면서 개선하는 데 도움을 주었다.

특별히 감사를 전하는 내용은 다음과 같다.

» 우리의 남편인 마누엘과 프랭크, 우리가 새롭게 만들어가는 과정의 시작과 중간 그리고 끝에 있을 때 우리를 묵묵히 이해해주어서 감사하다. 우리의 여정을 통해 당신의 참여와 우리의 깊은 결실을 맺었다.

» 이 프로젝트의 첫 번째 지지자였던 엘데폰소, 우리에게 이 작업이 마치 꿈만 같았을 때, 반짝거리는 우리의 눈빛을 보고 그것을 쓰는 것이 옳은 일이라고 분명히 말해주었다. 우리는 당신 말을 들어서 그것에 감사하다.

» 라몬 리베라-그라우, 우리를 믿고 우리가 하는 일의 가치를 믿어준 사람이다.
» 알프레도 카라스퀼로, 이 책이 아직 책이 아니었을 때 완다에게 답을 찾으라고 안내해준 사람이다.
» 테레와 넬시, 여러분의 의견이 가장 유용하도록 모든 형태의 원고를 읽고, 읽고, 그리고 읽을 수 있는 가장 좋은 시기까지 참고 기다려주어서 감사하다. 우리는 이보다 더 나은 독자와 지지 그룹을 가지는 것을 상상할 수 없다.
» 루이스 산티아고, 우리의 미래를 상상해준 것에 감사하다.
» 시몬과 마갈리, 당신만의 특별한 방식으로 완다를 지지해준 것에 감사하다.
» 마누엘 버뮤데즈, 완다의 아이디어에 대한 당신의 지지와 신뢰에 감사하다.
» 커트 쉰들러와 클라라 페리즈 오닐, 우리의 진보에 대해 언제 어떻게 물어야 할지 알려주어 감사하다. 당신의 말에 노마는 계속해서 미래에 집중했다.
» ATD 인력개발 커뮤니티 관리자인 론 립폭, 우리의 아이디어를 책으로 만드는 과정을 안내해주었다. 그리고 ATD 출판팀에게 최종 결과물이 기준에 충족하는 것을 확인해주었다.
» ATD 출판 매니저인 애슐리 맥도날드, 편집자 이상이며 몰입에 대해 우리와 함께 열린 마음으로 학습하였다.
» 우리가 새롭게 만들어낼 수 있도록 영감을 준 과거와 현재의 고객에게 감사하다.

» 어떤 식으로든 책의 이야기와 사례가 되어준 모든 관리자와 그들의 보고서 내용에 고마움을 표한다.
» 오늘날 여러분이 읽고 있는 이 책을 만들기까지 셀 수 없는 밑그림을 개요로 바꿀 수 있도록 도와준 모든 사람들에게 감사한다.

이것은 결말이고 곧 시작이다.

노마와 완다

PART 1

직원몰입에 대한 이해

- 직원몰입의 여정 시작

들어가기에 앞서

제1장에서는 직원들의 몰입을 높이기 위해서 우리들이 할 수 있는 일에 대하여 다른 관점에서 바라볼 수 있도록 안내할 예정이다. 이것이 우리가 당신과 함께할 여정의 시작을 이야기하는 것이다. 우선 이 장에서는 몰입의 참과 거짓에 대한 이해와 생각들을 살펴볼 것이다. 그리고 몰입에 대한 우리의 정의를 공유하고 여러분들이 직접 참여할 수 있도록 제안할 것이다. 그 이후에 우리의 몰입 수준을 평가하길 바란다. 또한, 우리는 특정한 방향이나 동인에 몰입할 수 있도록 기여하는 항목들에 대하여 논의할 것이다. 우리는 몰입이 구성원과 조직의 사업에서의 영향력과 그 중요성을 강조하고 광범위한 맥락에서 여러분들의 적극적인 참여를 제안하면서 이 장을 마칠 예정이다.

제2장에서는 우리의 조직문화에 대한 정의, 개인과 문화의 관계, 그리로 문화 안에서의 개인적 차이를 이야기하고자 한다. 그리고 우리는 여러분들의 조직문화 내에서 직원몰입에 대한 참여를 촉진하기 위해서 관리자로서의 역할을 탐구할 예정이다.

제1장

직원몰입에 대한 현상

직원몰입에 대한 여정을 시작하기 전에 여러분들이 생각하는 직원몰입에 대하여 확인하기 바란다. 아래의 내용을 보고 사실 또는 속설이라고 생각되는 부분에 체크해보길 바란다.

Worksheet 1-1 직원몰입에 대한 이해

문항	사실	속설
직원들이 몰입되어 있을 때, 그들은 회사에 더 충성도를 갖는다.		
직원들이 덜 몰입되어 있을 때, 그들은 더 많은 결근을 하게 된다.		
나이가 많은 직원들은 젊은 직원들보다 더 몰입되어 있는 경향이 있다.		
숙련된 직원이 그렇지 못한 직원보다 덜 몰입되어 있는 경향이 있다.		
남자들은 여자보다 더 몰입되는 경향이 있다.		
재택근무를 하는 직원들은 그렇지 못한 직원보다 덜 몰입되어 있다.		
교대제로 근무하는 직원이 정규 시간에 근무하는 직원들보다 더 몰입되어 있다.		
인정은 몰입을 촉진한다.		

문항	사실	속설
성과평가는 몰입에 기여하지 않는다.		
커뮤니케이션은 몰입을 촉진한다.		
업무환경은 몰입을 촉진한다.		
동료와의 상호작용은 몰입을 촉진한다.		
관리자는 몰입을 촉진하는 데 중요한 역할을 한다.		
구성원이 환경을 더 잘 통제할 수 있다면, 그는 좀 더 몰입될 수 있다.		
건강한 사람들은 덜 몰입된다.		
승진은 항상 직원몰입을 촉진한다.		
몰입은 모두 비용과 관련이 있다.		
몰입은 모두 내부적인 것이다.		
몰입의 존재는 오직 하나의 정의뿐이다.		
구성원들을 둘러싼 세계는 그들의 몰입 수준에 영향을 미치지 않는다.		
직원몰입은 직원의 경력 동안에 동일하게 유지된다.		
주요 사건이나, 중대 사건은 직원몰입에 영향을 미치지 않는다.		
몰입된 구성원들은 항상 직장과 그들의 관리자와 함께한다.		

이제 여러분들이 답변한 내용이 어떻게 비교되는지 살펴보기 바란다.

1. 당신의 정답 개수는 몇 개인가?

2. 당신의 오답 개수는 몇 개인가? 그리고 어떤 것이 오답인가?

3. 정답과 오답 중 무엇이 두드러지는가?

4. 직원몰입에 대한 사실 또는 속설 중 당신의 회사에서 공통적으로 나타나는 것은 무엇인가?

우리는 이러한 질문에 대한 대답의 결과와 앞으로 제시할 여러 질문들을 통하여 우리는 구성원들의 몰입을 발전시키는 데 보다 적극적인 역할을 수행하기 위한 여정이 계속될 수 있도록 지원하고자 한다.

몰입은 고객과 우리를 위한 것: 나에 대한 모든 것

우리는 몰입에 대한 몇 가지 사실과 속설을 확인해보았다. 이 주제에 대하여 깊이 파고들기 전에 우리의 연구와 고객과의 경험을 근거로 몰입의 정의 방법에 대하여 알아보아야 한다. 그리고 우리는 앞으로도 몰입에 대해 여러분들의 생각을 이끌어줄 수 있는 질문을 계속할 것이다.

우리의 정의에 따르면, 몰입은 사업의 중심이 되고 심리적 계약의 결과뿐 아니라 구성원과 고용주 사이에 존재하는 경험을 추가한 것이다. 직원몰입의 기본은 존중, 신뢰, 그리고 성과이다. 몰입은 구성원이 일터에서 근무하는 과정뿐만 아니라 전반적인 경력에 걸쳐 변화하는 과정에서 여러 사건과 논의된 사항들로 인해 변화되기 때문에 역동적이라고 말할 수 있다. 그리고 몰입은 본질적이고 개별적이기에 결과적으로 몰입은 "나"에 대한 모든 것을 의미한다.

몰입은 업무와 그 목적에 대한 자발적인 연결이다. 몰입은 원하는 결과를 달성하기 위해 일터에 대한 감정적 요소를 포함한다. 그들이 몰입되기를 원한다면 구성원들은 결정해야 한다. 따라서 직원몰입은 감정적인 연결을 수반하지만, 구성원의 개별적 상황을 고려하여 몰입하거나 또는 그러지 못하는 것을 결정할 때 합리적인 요소도 포함될 수 있다. 우리는 어느 정도 감지하고 있다. 그것은 비록 많은 구성원들이 비슷한 것처럼 보일지라도 그들은 개인으로서 독특함을 가지고 있다. 이것은 결과적으로 구성원들이 조직에 몰입하는 데 대해 의미를 갖는 것에 영향을 미칠 수 있다.

직원몰입에 대한 정의와 설명은 제안한 학자 및 연구자들에 따라 다양하게 존재하지만, 우리는 그 안에서 몇 가지 유사점을 찾을 수 있다. 이러한 정의에는 기업 및 구성원에 대한 몰입의 영향과 관련된 감정적, 이성적, 그리고 실행적인 특징이 포함된다. 일반적으로 이러한 정의를 자발적 몰입이라고 말할 수 있다. 잘 알려진 정의에는 이러한 중요한 구성요소가 포함된다. 또한 직원몰입을 특정한 방향으로 이동시키는 데 기여하는 다른 요인들도 있다. 이러한 요인은 일반적으로 몰입의 원동력으로 알려져 있다.

몰입의 원동력

우리는 다양한 유형의 몰입 동인들을 발견했다. 관리자들은 이러한 동인들의 일부를 활용하여 직원몰입에 영향을 미칠 수 있다. 우리는 다른 장에서 이러한 동인들을 다시 참조하여 몰입의 경로와 경력의 경로를 설명할 것이다. 이러한 몰입 동인의 영향력은 단독으로 발생하는 것이 아니고 회사가 바라보는 관점과 문화가 직원몰입에 미치는 영향을 줄이거나 복합적으로 작용할 것이라는 점을 유념해야 한다.

관리자-직원 관계

관리자와 구성원의 관계는 직원몰입의 가장 중요한 동인이다. 이러한 관계는 구성원들이 업무 또는 일터에 대한 만족 또는 불만족, 그리고 그곳에 머물 것인지 아닌지를 결정하는 것과 연결성이 높다. 구성원들과 어떻게 그리고 무엇을 의사소통해야 하는지가 우리가 몰입의 정의에서 언급한 심리적 계약과 연계된 핵심적인 문제이다. 그러므로 여러분은 관리자로서 구성원들과 진정성을 갖고 전문적인 관계를 형성하여 회사, 구성원, 그리고 당신에게 이익이 될 수 있는 흥미로운 도전과제를 갖게 되는 것이다.

몰입은 나와 나의 상황에 관한 것이기 때문에 우리는 직원몰입이 확고한 감정적 요소를 가지고 있다는 것을 이미 확인했다. 따라서 구성원들은 업무를 수행하면서 최종 결정, 제품 또는 결과를 통제할 수 없을 때도 업무에 대한 강한 목적의식과 자율성을 확보할 수 있도록 노력해야 한다. 이러한 목적의식과 자율성은 그들의 업무에 대한 주인의식과 직결된다.

내재적 동기부여

토마스(2009)에 의해 정의된 내용을 인용하자면, 의미감과 진보감이라고 정의된 내재적 동기부여는 구성원이 많은 외부요인에 의존하지 않고 자신이 하는 일에서 스스로 가치를 찾고 정서적 연결을 확립할 수 있도록 이끌어내는 것이다. 우리는 구성원들이 그들의 강한 내재적 동기부여의 결과로 일터 또는 그들의 관리자들과 함께 몰입된 몇 가지 사례를 발견할 수 있었다.

리더십

리더십에 대한 의미와 정의는 기업마다 다를 것이다. 리더십은 모든 관리자가 리더가 아니며, 모든 리더가 관리자가 아니기 때문에 직책·직함을 넘어서는 중요한 몰입 동인이다. 당신과 같은 관리자(그리고 기업 안의 다른 동일한 위치에 있는 사람들)는 직원몰입을 촉진하는 데 중요한 책임을 갖고 있다. 이러한 책임은 역할 모델로서 구성원들이 업무를 수행할 수 있도록 지원하는 방법이나 스스로 실행하는 방법, 그리고 다양한 채널을 통해 메시지를 전달하는 방법이 있다. 리더에 대한 우리의 이해는 리더를 넘어서 성장할 수 있도록 사람들을 공동의 목표로 이끌고 자신의 팀에 대한 자신감을 불어넣는 것이다. 우리는 리더가 되기 위해서 별도의 직함이 필요하지 않다.

성과관리

성과관리는 직원몰입에 영향을 미치는 관리 영역이다. 우리에게 있어서 성과관리는 목표, 목적, 그리고 기업의 목표를 달성하기 위해서 어떻게 일이 분배되어 있는지까지 포함한다. 이것은 구성원이 회사를 떠나기 전까지의 모든 과정, 즉 채용에서 퇴직까지 진행되는 과정이다. 지속되는 프로세스로써 성과관리는 회사의 목표를 달성하기 위해 구성원들의 행동과 태도를 회사의 제도에 연계시킨다. 성과관리는 자원배분, 유연한 일터, 일과 삶의 균형 등으로 구성되고 구성원이 원하는 결과를 달성하기 위한 진행 상황을 측정할 수 있는 활동이다. 또한 성과가 높은 직원과 낮은 직원을 어떻게 관리할 것인지, 공정성과 정당성에 대한 구성원들의 시각들이 성과관리 동인에 포함된다.

경력개발

경력개발은 몰입의 또 다른 동인이다. 대부분의 구성원들, 특히 젊은 세대들은 직장 생활을 하면서 여러 회사에서 여러 직책을 경험하게 되는데 이러한 변화 활동을 경력개발이라고 말할 수 있다. 그룹에 따라 차이는 나겠지만, 장기적인 경력 잠재력과 승진 기회는 과거와 마찬가지로 최근에도 여전히 관련이 많다. 이것은 매우 중요한 이슈이다. 왜냐하면 구성원들이 기업에 머무르려는 의도와 관련이 있고 사업에 영향을 미치는 의사결정을 내린다. 일터에서 성장과 발전의 기회를 찾는 구성원들은 일터와 이러한 기회를 촉진하기 위한 관리자로서 더 높은 충성도를 갖게 될 것이다. 이러한 구성원은 더 오랜 기간 회사에 머물며 원하는 결과를 얻기 위해 추가적인 시간과 노력을 투자하는 경향이 강할 것이다. 따라서 관리자로서 구성원들의 경력개발 요구에 관심을 갖고 구성원들이 그들의 미래에 대해 현실적으로 접근할 수 있도록 지원해야 한다. 이와 함께 적절한 시기에 적합한 인재에게 기회를 부여하는 것이 중요하다. 우수한 구성원의 타 부서 이동을 두려워하면 안 된다. 당신과 함께 일하는 동안 필요한 것을 찾지 못한다면 그들은 당신의 일터에서 영원히 떠나 다른 곳으로 이동할 가능성이 높을 것이다. 반드시 손실을 최소화하고 몰입이라는 큰 그림을 기억하기 바란다.

금전적 보상 및 외적 보상

구성원들의 몰입을 위한 보상으로 금전적 보상과 외부 보상이 확대되어도 이것은 여전히 중요한 동인이기 때문에 고려해야 한다. 기본급, 인센티브, 그리고 총보상은 기업이 생존을 위해 급여 및 복리를 포함한 비용에 대해 보다 엄격한 통제를 구현했던 최근 경제 환경에서 특히나 중요하다. 총보상은 구성원 확보, 동기부여, 그리고 유지를 위한 조직의 전략을 총체적으로 정의하는 것으로 보상 프로그램, 실행, 내용, 그리고 차원 등을 의미한다. 구성원들은 회사에 남거나 다른 곳으로 가기로 결정할 때, 여전히 그들은 보상과 복리후생에 상당한 관심을 갖고 있다.

LISTEN UP!

인센티브는 사람들로 하여금 그들이 할 수 있다고 상상도 못 했던 일들을 실행하게 만든다.

조직 이미지

몰입의 외적 구성요소로 전환하여 우리는 조직 이미지에 대하여 고려해야 한다. 조직 이미지는 구성원과 외부 이해관계자들이 그 조직에 대하여 어떻게 느끼고 생각하는지에 대한 것이다. 최근 업무환경의 추세를 보면 구성원들은 회사에 대한 이미지와 명성에 대해 구체적으로 인지하고 있다. 구성원들이 회사에 느끼는 정서적 유대감은 외부에서 바라보는 관점과 내부 구성원들이 바라보는 관점으로 구분될 수 있다. 개인들은 일하는 곳을 찾을 때, 그들은 회사의 명성과 타인들이 어떻게 인지하고 있는지를 매우 중요하게 생각한다. 왜냐하면 그들이 회사에 들어가면 그들은 그것이 무엇을 의미하는지 명백하게 기술할 수 있다. 그럼 그 구체적인 사례들을 살펴보겠다.

파블로는 환경을 매우 의식한다. 그는 친환경 프로그램을 시행하는 것으로 잘 알려진 회사에 매력을 느낄 것이다. 파블로는 종이가 없는 환경을 매우 만족스러워한다. 다니엘은 매우 체계적이고 형식적이다. 그녀는 역할과 책임이 명확하게 정의된 조직 구조를 가진 회사에 이끌릴 것이다. 또한 그녀는 엄격한 비즈니스 복장 규정이 있는 환경에서 더 편안함을 느낄 것이다. 스티븐은 수익성 있는 제품이 될 수 있는 새로운 아이디어를 만드는 데 집중한다. 그는 과정과 절차보다는 결과를 더 중요하게 생각하고 누구도 그의 복장에 대하여 신경 쓰지 않는 회사 분위기에 관심이 있을 것이다. 그는 날씨가 허락한다면 청바지나 반바지를 입고 행복함을 느끼고 싶어 한다. 이렇듯 다양한 성격을 가진 개인들은 개인의 취향에 따라 다른 조직을 선택할 것이다.

브랜드 정렬

브랜드 정렬은 조직 이미지와 관련된 또 다른 동인이다. 오늘날 여러 채널을 통해 정보를 동시에 접할 수 있는 환경으로 구성원들은 회사가 자사 브랜드와 일관성 있게 행동하고 있는지 아니면 경쟁자들 중에서 고유한 무엇인가를 만들어낼 수 있는지 파악할 수 있다. 예로 지역사회를 위한 활동과 서비스에 자부심을 갖는 회사는 공익을 위해 일하는 시간을 보내는 것을 좋아하는 유형의 인재들에게 매력적일 것이다. 회사가 하겠다고 말하는 것과 실제로 하는 것 사이에 모순이 발생하면 직원몰입에 부정적인 영향을 미칠 것이다. 이러한 사례에서 보듯이 우리는 회사와 지역사회의 실질적인 연결이 비영리 단체를 위한 기금 모금에만 국한된다면, 서비스 지향적인 구성원은 실망할 것이고 결국 입사한 회사에서 소외감을 느끼기 시작할 것이다. 이렇듯 브랜드 정렬은 사람들이 조직의 브랜드와 목적을 알고 이해할 수 있도록 보장하고 그들이 언제 어디서나 하고 있는 모든 일들이 "브랜드에 살고 있다"라고 느끼게 해주어야 한다.

LISTEN UP!

브랜드 정렬은 브랜드에 살고 있다고 느끼게 해주어야 한다.

지금까지 전반적으로 직원몰입에 기여하는 다양한 동인에 대하여 설명했다. 많은 사람들이 구성원과 회사의 관계가 본질적으로 상품을 위한 서비스의 교환이라고 생각하지만, 우리의 경험은 관리자와 구성원의 관계, 그리고 "나"의 요인과 같은 일터에서의 다른 차원이 직원몰입에 기여한다는 것을 보여주었다. 우리는 이제 당신이 우리가 방금 논의한 것을 적용해보기를 바란다.

이제 여러분들이 생각하고 있는 직원몰입에 대한 정의를 살펴보도록 하자.

1. 직원몰입에 대한 당신의 정의는 무엇인가?

____

____

2. 직원몰입에 대한 당신의 정의는 당신 회사의 정의와 비슷한가? 다르다면 다른 점은 무엇인가?

____

____

3. 몰입의 정의에 대하여 생각하고, 그다음에 몰입에 대한 새로운 정의를 작성해보시오.

이러한 질문들에 대한 대답은 여러분들이 직원들의 몰입을 촉진하고자 할 때, 자신의 위치를 이해하는 데 도움이 될 수 있다. 자, 그럼 이 여행이 시작될 예정이다.

여러분 개인의 "나"를 테스트해보자.

1. 나는 몰입이 되어 있는가?

2. 나는 얼마나 몰입되어 있다고 생각하는가?

3. 나에게 있어 "몰입되었다"는 어떠한 의미인가?

4. 몰입에 대하여 관심이 있는가?

5. 나의 몰입은 나의 관리자(리더)인가? 아니면 나의 일터인가? 내가 둘 다 몰입되어 있는가? 아니면 둘 다 아닌가? 왜 그런가?

6. 몰입에 대한 나의 기대는 무엇인가?

7. 몰입하기 위해서 나에게 무엇이 필요한가?(가능한 한 자세히 설명할 것)

8. 나의 몰입 동인은 무엇인가?

낮은 수준으로 당신 회사의 "나"를 테스트해보자.

1. 당신 회사에서 몰입 동인은 무엇인가?

2. 직원들의 몰입을 촉진하는 동인은 무엇인가?

3. 당신의 회사는 직원몰입에 관심을 갖고 있는가?

4. 당신의 회사는 직원몰입에 있어서 어떤 활동들을 하고 있는가?

5. 당신의 회사는 직원몰입도를 측정하고 있는가?

6. 당신 회사는 직원몰입도에 대하여 어떠한 조치를 취하고 있는가?

7. 관리자로서 직원몰입에 대하여 책임이 있는가?

____

____

____

8. 당신의 회사에서 직원몰입을 촉진할 책임이 있는 사람은 누구인가?

____

____

____

다음으로 우리는 회사에서 직원몰입을 보다 광범위한 맥락에서 접근하고 그에 따라 유용할 만한 직원몰입의 일반적인 추세에 대한 검토 내용을 공유하고자 한다.

직원몰입 경향: 일부 통계적 자료에 기초하여

일반적으로 몰입에 관한 책들은 많은 양의 통계와 데이터를 포함하지만, 우리는 처음에 이 책은 그렇게 쓰지 않을 것이라 이야기했다. 그러나 우리는 더 넓은 맥락에서 직원몰입의 트렌드를 다루고 싶었다. 명심해야 할 것은, 몰입에 대한 정의는 개별적으로 작동하기 때문에 그 측정과 방법이 개인에 따라 몰입에 대한 평가가 다르게 나타날 수 있다는 것이다. 여기 여러분들이 명심해야 할 몇 가지 통계가 있다.

Aon-Hewitt(2015)에 따르면, 2014년에는 세계적으로 몰입된 구성원이 62%였지만, 2013년도에는 61%였다. 상대적으로 많은 직원들이 회사에 대해 긍정적인 의견을 말하지만, 회사와 함께하는 장기적인 미래를 보거나 매일 최고의 성과를 제공하는 직원은 거의 없다고 보고 있다. 세계적인 수준은 지속적으로 증가하고 있지만, 지역적으로는 차이를 보이고 있다. 라틴 아메리카가 가장 안정적인 몰입 수준을 유지하는 것은 지역의 경제적, 문화적 특성에 기인한다고 생각한다. 그리고 아프리카와 중동 지역은 지난 5년 동안 큰 변동성을 보였다. 북미와 아시아 지역의 포인트는 상승했는데 이것은 높은 경제적 기회와 관련이 있다고 생각한다. 유럽 또한 다른 글로벌 시장의 성장 전망에 따라 유동적으로 움직이고 있다.

Towers Watson(2012)의 연구 내용을 보면 세계적으로 직원의 35%가 높은 몰입을 보이고 있고(몰입되어 있고, 에너지와 지원에 대한 높은 점수를 보임), 22%는 지원을 받지 못하고 있으며(몰입은 되어 있으나, 지원 또는 에너지가 부족), 17%는 몰입과 멀리 떨어져 있고(몰입되어 있지 않지만, 지원과 에너지는 있음), 마지막으로 26%는 몰입되어 있지 않았다(몰입, 에너지, 지원 모두 낮은 점수). 마찬가지로 Harter(2012)의 연구에 의하면 미국 근로자의 30%가 그들의 일과 일터에 몰입되어 있고, 52%는 몰입되어 있지 않으며, 18%는 적극적으로 몰입과 떨어져 있는 상태라고 보고하였다. 이러한 연구자들의 보고에 따르면, 대다수의 구성원들이 자신의 직무에 있어서 몰입되어 있지 않다는 것이다.

우리는 비슷한 소득 수준을 가진 직원들 사이에서 교육, 나이, 성별에 따라 직원몰입에 차이가 나는 것을 발견하였다. 구체적으로 고등학교 이상의 학력을 가진 구성원들은 고등학교 이하의 학력 또는 대학 교육을 받은 구성원들보다 덜 몰입되어 있는 가능성이 있다는 것이다. 고등교육을 받은 구성원들은 이직에 대한 선택권이 더 많을 수 있기에 결과적으로 몰입이 더 적은 경향이 있는 것이다. 따라서 기업들은 이러한 직원들을 유지하기 위해 더 많은 노력을 기울여야 한다. 30세에서 50세 사이의 구성원들은 나이가 많은 구성원들보다 덜 몰입될 가능성이 있다. 50세에서 60세 사이의 구성원들은 삶의 안정을 찾고, 60세 이상의 구성원들은 안정을 원하고 수용하기 때문이다. 과거 경제 상황을 보면, 노동력에 있어 70세 이상의 구성원들이 활동하고 혁신하면서 극적으로 발전된 것을 확인할 수 있다. 게다가 많은 여성들이 그들 가족의 주요 임금 근로자가 되도록 이끈 가족 구조의 변화 때문에 여성들이 남성보다 더 많이 몰입되는 경향이 있고, 같은 조직에 더 오래 머무르는 경향이 있다.

예를 들면, 직업과 관련된 요소로 직무 역할 및 직책에 머무르는 시간은 직원몰입을 나타내는 지표들이다. 우리의 경험에 따르면 교육 수준에 관계없이 전문성이 높은 직원이 그렇지 못한 직원보다 더 높은 몰입을 하는 경향이 있다. 전문성을 보유한 구성원이란 현재와 미래 설계를 위해 자신의 직무와 경력에 비용과 노력, 시간을 상당히 투자한 사람을 말한다. 전형적으로 전문성이 높은 직원들은 회사 내에서 경력 경로와 다른 성장 기회를 찾는 경향이 있으며, 그들은 전체 직장 생활을 하는 동안 한 자리에 머무르는 것에 만족하지 않고 급여를 받는 직원들이다. 우리의 관점에서 볼 때, 직원의 절반 이상은 그들의 직무에서 3년이 넘으면 몰입과 멀어지게 된다. 이 시기에 그들은 종종 현재 회사나 다른 곳에서 다음에 무엇을 해야 할지를 찾기 시작한다. “다음에 무엇을 해야 할까요?”라는 질문은 근속 중 3년에서 5년 주기로 나타나게 된다.

다음 주제로 관심을 옮기기 전에 이 섹션에서 공유한 내용을 다시 한번 생각해보기 바란다. 여러분들의 회사에서 직원몰입을 조정하는 데 도움이 되는 직원몰입 척도와 경향을 살펴보자.

1. 당신의 팀에서 직원몰입도를 어떻게 측정하고 있는가?

2. 당신 팀의 직원몰입도 수준은 어떠한가?

3. 당신 회사의 직원몰입도 수준은 경쟁사와 비교했을 때 어떠한 수준인가?

4. 지난 3년~5년 동안 당신 회사의 직원몰입 수준이 변화되었는가? 아니면 지속적으로 변화했는가?

5. 지난 3년~5년 사이의 몰입에서 어떤 변화가 주요했다고 생각하는가?

6. 전문직과 그렇지 못한 구성원 집단 간의 직원몰입의 차이가 있는가?

7. 상사, 고위급 관리자, 개인 기여자 간에 직원몰입의 차이가 있는가?

8. 대졸 이상 및 이하의 학력자와 같은 그룹 간에 직원몰입의 차이가 있는가?

9. 성별에 따라 직원몰입의 차이가 있는가?

10. 그룹 간 직원몰입의 차이가 있는 이유는 무엇이라고 생각하는가?

직원몰입의 영향

직원몰입이 기업과 구성원에 미치는 영향을 측정하고 분석하는 연구는 다양하다. 측정 기준은 각 산업에 따라 다르지만, 모든 산업에는 재무적 지표가 존재한다. 고객만족도와 이직률은 일반적으로 사업에 미치는 영향을 보여주는 좋은 지표이다. 몰입은 회사의 건강 상태를 나타내는 중요한 예측변수가 될 수 있으며, 종종 직원몰입도가 높은 조직이 낮은 조직보다 성과를 지속적으로 낼 수 있다는 보고가 있다. 그렇기 때문에 이 장에서는 직원몰입이 기업과 직원에게 미치는 영향을 강조하고자 한다.

비즈니스 영역에서

Hewitt Associates(2010)에 따르면, 몰입 수준이 높은 기업은 몰입을 더욱 강화할 수 있는 기반을 가지고 있고 지속적으로 그 위치를 유지한다. Aon Hewitt(2012)에 따르면, 최고의 고용주가 다른 고용주보다 평균 20% 더 높은 몰입도를 보이고 있고 2012년 최고의 고용주 상위 25%에 속하는 기업은 평균 기업보다 주주의 총수익률이 50% 높다고 발표했다. 따라서 전반적으로 직원몰입의 이슈를 해결하는 것이 사업 측면에서 타당한 지표로 확인된 것이다.

직원 영역에서

직원들이 위기, 해고, 합병과 같은 어려운 업무 상황을 처리할 때, 몰입은 필터 역할을 수행하기도 한다. 예를 들어 소속감과 소유권 때문에 조직 위기가 발생하는 시기에 몰입도가 높은 직원들이 함께 모이는 것 같다. 몰입도가 낮은 직원들은 추가 근무를 거부하거나 더 큰 이익을 위해 임금을 삭감하는 것에 분노할 수 있다. 또한 우리는 높은 몰입도를 가진 직원들이 해고, 특히 합병에 따른 해고를 덜 몰입된 직원들과 다르게 인식할 수 있다는 것을 발견했다. 적극적으로 몰입된 직원들은 덜 몰입된 직원들보다 더 큰 상실감을 느낄 수 있다. 왜냐하면 그들은 회사에 더 많은 감정적인 투자를 했고, 우리가 이전에 언급한 심리적 계약의 일부로 회사가 그들에게 무엇인가를 빚지고 있다고 믿기 때문이다.

더 많이 몰입된 직원들이 그렇지 않은 직원들보다 더 높은 수준의 행복을 경험하는 경향이 있기 때문에 몰입은 전반적인 직원 행복에 기여하는 것으로 보인다. 우리의 경험에 따르면, 직원들이 업무와 관련된 스트레스를 다루는 방법은 직원들의 몰입 수준과 관련이 있는데 이는 더 많은 직원들이 덜 몰입된 직원들보다 스트레스를 더 잘 처리하는 경향이 있기 때문이다.

이제 당신의 회사에서 직원몰입이 어떠한 영향을 미치는지 살펴보자.

1. 직원몰입이 여러분의 회사에 미치는 영향은 무엇인가?

2. 직원몰입이 당신의 회사 직원들에게 미치는 영향은 무엇인가?

3. 특정 상황에 따라 직원몰입이 당신의 회사에 미치는 영향에 차이가 있는가?

핵심정리

- 몰입은 비즈니스의 근간이 되는 것이다.
- 몰입은 구성원과 회사와의 심리적 계약을 고려해야 한다.
- 몰입은 나에 대한 모든 것과 나의 상황에 관한 것이다.
- 몰입은 관리자와 구성원 간의 관계를 고려해야 한다.
- 몰입은 확고한 감정적 요소를 가지고 있다.
- 몰입에 있어 학력 수준, 성별, 역할과 같은 요소들을 기억해야 한다.
- 몰입된 기업은 몰입 수준이 낮은 기업보다 높은 성과를 낸다.

제2장
조직문화와 상황의 중요성

이 장에서는 직원들이 일상적으로 업무를 수행하는 조직문화, 환경의 중요성, 그리고 업무수행에서 직원들의 역할에 대하여 자세하게 살펴볼 예정이다. 그리고 우리가 갖고 있는 조직문화에서 직원들의 몰입을 촉진하기 위한 관리자의 역할을 찾기 시작할 것이다.

조직문화란 무엇인가?

우리는 조직문화를 일상적으로 특정 일터에서의 태도, 신념, 가치, 기대, 지식, 언어, 기회, 구조, 그리고 자료 등의 방식으로 나타나는 것으로 정의할 수 있다. 조직문화는 시간이 지남에 따라 이러한 요소들이 결합되어 누적된 결과인데, 그것은 조직이 성장하고 스스로 진화함으로써 역동적으로 변화하게 된다. 조직문화는 조직의 전반적인 환경을 더욱 구조화하고, 직원들이 조직에 참여하고 머물며 성장하고자 하는 의지의 주요 요소가 된다. 이러한 각 요소들을 개별적으로 살펴보고, 직원몰입에 미치는 영향에 대하여 알아볼 것이다.

태도

태도는 감정적(내가 어떻게 느끼는지), 행동적(내가 무엇을 하는지), 인지적(내가 어떻게 생각하는지) 요소를 포함하기 때문에 몰입에서 중요한 역할을 한다. 이러한 구성요소는 개인 또는 온라인을 통해 직원 간에 쉽게 공유된다. 이러한 요소들의 표현은 관리자뿐만 아니라 직원들에 의한 것으로써 서로에게 배우고 결국 유사한 태도를 취할 수 있는 다른 직원들의 몰입에 강력한 영향을 미칠 수 있다.

다음은 태도와 관련된 가상의 상황을 설명한 것이다.

오늘은 금요일이다. 당신과 당신의 팀은 일주일 내내 프로젝트를 수행했다. 당신은 가족과 함께 시간을 보내고 싶어서 주말을 기다리고 있었다(어떻게 느끼는가). 당신은 평소보다 일찍 출근한다(무엇을 하는가). 왜냐하면 이것은 당신이 하루를 시작하는 가장 좋은 방법이기 때문이다(어떻게 생각하는가). 주말 동안 예상치 못한 일을 해야 하고 계획이 바뀌어야 한다는 것을 알게 된다. 당신은 정신적으로 하루와 주말을 다시 정리하면서 복도에서 몇몇 동료들을 만난다. 그들은 주말에 일을 부탁해야 하기 때문에 그것이 얼마나 비참한지 이야기한다(어떻게 느끼는가). 그들은 또한 개인적인 만남을 피하고 이메일로 주말에 일해줄 것을 요청하라고 이야기한다(무엇을 하는가). 더 나아가 그들은 회사가 촉박한 일정으로 이것을 요구한 것이 부당하다고 생각한다(어떻게 생각하는가).

이 상황의 가능한 결과는 개인의 태도가 다른 사람들에게 미칠 수 있는 계단식 효과를 의미한다. 당신이 이런 상황이라면 동료들의 태도를 그대로 받아들이고 행동할 수 있으며, 계획을 바꿔야 할 때에도 항상 그래왔던 것처럼 직원들과 함께 일할 수도 있다. 관리자로서 직원들은 어떻게 느끼는지, 무엇을 하는지, 그리고 어떻게 생각하는지 알게 될 것이고 아마도 당신에게 맞춰줄 것이다. 결과적으로 당신의 태도는 그들의 태도에 영향을 미칠 것이고 그들의 몰입 수준에 영향을 미치게 될 것이다. 만약 당신에게 중요한 것이 있다면, 그것은 그들에게도 중요해야 하고 그 반대 상황도 마찬가지여야 할 것이다.

신념(믿음)

신념은 개인이 진실이라고 생각하는 것에 대한 내적인 표현이다. 신념은 사건에 대한 "나"의 표현 방식이다. 일터에 대한 일반적인 신념의 예로, 규칙적으로 정해진 시간 이후에 일하는 것이 충성의 표현이라고 생각한다. 이러한 신념을 바탕으로 관리자들은 규칙적으로 정해진 시간 이후에 일하는 경향이 있는 직원들을 칭찬하고 그렇지 않은 직원들을 비판한다. 비공식적으로 단위조직들은 이러한 신념과 일치하는 행동을 하는 직원들에게 감탄을 표현하면서 "그는 항상 시계를 보고 있다" 또는 "그녀는 오후 5

시 이후에 단 1분도 머무르지 않는다"와 같은 이야기를 통해 그렇지 않은 직원들을 비하할 수 있다. 이러한 신념에 의해 직원들이 어떻게 행동하는지에 따라 팀의 대인관계가 긴장될 수 있다. 직원들이 이 문제에 대한 그들의 신념을 다른 많은 사람들과 공유하는 단위조직은 결국 직원들의 몰입 수준에 영향을 미칠 수 있다.

가치

가치는 회사에 중요한 것의 본질을 나타내기 때문에 기업의 사무실에서는 모든 사람들이 읽을 수 있도록 눈에 띄게 게시되어야 한다. 가치는 회사가 협상할 수 없는 것을 구체화한다. 가치는 일반적으로 신입사원이 새로운 직책을 시작할 때, 신입사원 자신이 수행하는 직무가 다른 구성원들과 일관성을 유지하면서 익숙해지도록 하는 것들이 조기 정착 프로그램에 포함되어야 한다. 가치관에는 열정, 우수성, 혁신, 동기부여, 그리고 팀워크 등이 포함될 수 있다. 가치선언서를 작성하는 것은 올바른 방향으로 나아가는 단계이지만, 회사 가치와 관리자의 행동 사이의 일치를 보장하기에는 충분하지 않다. 모든 관리자들은 매일 자신의 업무를 수행하면서 이러한 가치들을 증명해야 한다.

예를 들면, 가치선언문에 혁신을 포함하는 회사는 모든 직원들이 고객 서비스를 개선하기 위한 아이디어를 제안하도록 권장할 수 있다. 관리자는 직원들의 제안서를 분석하여 어떤 제안들을 구현할 수 있는지 선택하고 성공적인 내용의 제안을 한 직원에게 그 공을 돌릴 수 있다. 이와 반대로 관리자들은 "우리는 이미 시도했지만 효과가 없었다" 또는 "우리는 그런 식으로 일을 처리하지 않는다"와 같은 반응을 보이면서 직원들의 제안을 거절한다면 직원들은 그 이후에 추가적인 제안을 하지 않을 수 있다는 것이다. 결과적으로 혁신의 가치는 새로운 것을 창조하려는 직원들의 노력에 관리자들이 어떻게 반응하느냐에 따라 완전히 다른 의미를 갖게 되는 것이다. 이러한 노력에 대한 지원 수준은 직원들이 자신에게 긍정적인 결과를 초래할 행동을 반복하고 이를 지원하는 주체와 정서적 애착을 형성하는 경향이 있기 때문에 직원몰입에 영향을 미칠 것이다.

직원들은 자신의 개인적인 신념과 가치를 그들의 일터에서 갖게 된다. 또한 관리자들은 그들과 공통점이 있는 직원들을 선발한다. 우리는 이러한 경향을 인지해야 한다. 이러한 신념과 가치를 모든 직원과 관리자들 사이에 공유하는 경험은 그들 사이에 강한 유대감을 형성할 수 있다. 따라서 몰입에 영향을 미칠 수 있는 것이다. 왜냐하면 우리가 이 장의 사례에서 언급할 것처럼 이러한 신념과 가치가 직원들의 행동을 유발할 것이기 때문이다. 이렇게 인식된 유사성은 직원이 기대하는 것보다 더 많은 일을 하도록 만드는 회사와의 정서적 연결을 강화할 것이다.

기대 사항

직원들은 조직이 무엇을 지지하고 직원들을 어떻게 대하는지에 대해 알게 되면서 채용 및 입사 과정에서 일터에 대한 기대감을 형성하기 시작한다. 그들의 경험은 나중에 이러한 초기 생각들을 검증하거나 무너뜨리게 된다. 직원들의 기대들은 직원과 관리자의 관계를 포함하면서 경영자와 고용주의 관계를 포함하는 심리적 계약의 일부분이다.

예를 들면, 토드는 채용 과정에서 90일간의 수습 기간 후에 프로젝트에 더 많은 책임을 부여받을 것이라는 이야기를 들었다. 토드의 첫 번째 프로젝트 수행은 예산 내에서 수천 달러를 지출하는 것과 마감 전에 프로젝트를 완료하는 데 기여했다. 그의 기여는 회사 소식지의 한 주제로 소개되었다. 토드는 그의 매니저인 쉴라에게 자신의 다음 과제에 대한 책임 및 역할에 대하여 물었다. 그러나 그는 새로운 프로젝트에서 어떠한 새로운 책임을 부여받지 못할 것이라는 것을 알고 놀랐다.

그러나 토드는 더 많은 책임을 부여받지 못한 것과 관련된 실망을 극복하고 자신의 성과를 개선하고 세 번째 프로젝트에 대해 자신에게 부여될 또 다른 임무를 기대하면서 두 번째 프로젝트에서 훨씬 더 많은 기여를 할 수 있는 방법을 찾았다. 두 번째 프로젝트에서 그의 추가적인 노력의 성과가 모범적이라고 가정할 때, 토드는 세 번째 프로젝트에서 추가적인 책임을 맡게 될 것이고 그는 그의 기대가 충족되었다고 결론을 내릴 것이다. 그는 계속해서 더 높은 수준의 성과로 나아갈 가능성이 높아질 것이다. 만약 반대로 토드의 세 번째 프로젝트에 앞의 두 가지와 같은 수준의 책임이 포함되어 있다면, 토드는 자신의 기대가 충족되지 않았다고 결론 짓고 안정적인 수준의 성과를 유지하거나 기대가 충족되지 않아 성과가 낮게 나타나기 시작할 것이다. 토드의 몰입도는 그의 기대를 얼마나 충족시키느냐에 따라 달라질 것이다.

지식

지식에는 업무수행 방법에 대한 불문율만 아니라 업무 자체의 기술적 구성요소도 포함한다. 많은 직원들은 교육, 훈련 또는 경험의 결과로서 업무의 기술적 측면을 충분히 이해하고 있다. 고용주는 지속적으로 직원들에게 교육 및 기타 수단을 통해 필요한 지식을 제공할 수 있다. 그러나 직원들은 관리자, 동료 또는 그들의 네트워크부터 비정형화된 규칙에 대한 지식을 얻는다. 이러한 불문율은 어떠한 업무환경에서든 성공하기 위해 필수적으로 수반되는 것이다. 그리고 만약 그들이 정확하고 신속하게 학습하지 않는다면 직무 전문가보다 직원들의 경력에 더 큰 영향을 미칠 것이다.

"이것은 규칙 내에서 우리가 어떻게 수행하고 있는지에 대한 것이다." 그리고 "당신에게 영원한 규칙을 보여주는 것이다." 이러한 것은 신입사원이 새롭게 조직에 정착할 때 사용되는 일반적인 문구이다. 이러한 규칙에 의해서 명시된 것의 경계를 벗어난 어떠한 행동도 일반적으로 수용되지 않으며, 심지어 정보와 권력의 원천에서 배제하는 것을 포함하여 부정적인 결과를 범한 사람에게 적용할 수 있다. 이러한 유형의 지식에 대한 자신감이 있는 직원은 그렇지 않은 직원보다 몰입 수준이 더 높을 가능성이 있다.

언어

언어(언어적 또는 비언어적)는 그 의미에 대한 공통된 이해 때문에 직원들을 하나로 모으는 역할을 하는, 조직문화의 또 다른 중요한 요소이다. 직원들은 여러 개의 약어나 속어를 사용하여 의사소통을 하는 회사에 입사할 때 처음에는 길을 잃을 수 있다. 특히 동일한 약어가 산업별로 다른 의미를 갖는 경우가 그렇다. 여기 여러 가지 의미를 가질 수 있는 두 문자어의 몇 가지 예를 살펴보도록 하자. POB는 우체국 상자 또는 출생지를 의미한다. NSF는 충분한 자금 부족 또는 국가과학기반을 의미한다. OD는 초과인출 또는 조직개발을 의미한다. PM은 프로젝트관리 및 성과관리를 의미한다. HR은 시간 혹은 높은 비율을 나타내거나 인적자원을 의미한다.

LISTEN UP!

여러 의미가 있는 약어를 과도하게 사용하는 것은 조직 안의 신규 인력들을 짜증 나게 할 수 있다.

언어 사용은 단어와 어휘의 선택이 일반적으로 배경과 경험을 반영하기 때문에 회사 내에서 그룹 구성원 자격을 정의하는 데 기여한다. 언어 사용 및 그 영향과 관련하여 회사 내에서 발생하는 사례를 알아보겠다.

파트리샤는 PMP(Project Management Professional) 인증을 받았으며, 단계 검토 및 자유변동과 같은 구문을 일상적인 대화에 사용한다. 파트리샤의 관리자인 제레미는 그 자격증을 보유하고 있지 않다. 그러나 그는 파트리샤를 팀 구성원으로 선발하는 데 참여했고 PMP 자격이 그 직책의 요건임에도 불구하고 그는 종종 그녀의 단어 선택을 특별하게 해석하곤 한다. 제레미는 파트리샤의 단어 선택으로 다른 사람들이 그녀를 어떻게 인식하는지에 대한 이미지를 걱정하곤 한다. 왜냐하면 이것이 그녀가 팀과 하나가 되는 데 부정적인 영향을 미칠 것이기 때문이다. 제레미는 팀의 결속력을 유지해야 하지만, 파트리샤처럼 우수한 인적자원을 잃을 수 없기 때문이다. 제레미는 관리자로서 파트리샤와 대화를 통해 몰입을 유지할 수 있었다. 그래서 그녀는 다른 사람들에게 자신을 이해시켜야 할 필요성을 이해하였다. 또한 제레미는 팀 내 다양성을 중요시하고 그렇게 함으로써 팀 내 몰입을 촉진한다는 것을 지지하고 입증해야 한다. 이렇듯 시선이나 거리와 같이 다른 사람들이 사용하는 비언어적 언어의 의미를 잘못 이해하는 것은 누군가의 팀 화합과 몰입을 방해할 수 있다는 것이다.

킴은 비좁은 업무환경에서 근무한다. 일터에 도착하자마자 킴은 동료들이 귀마개를 착용하고 출근하는 것과 그녀의 매니저인 니콜이 킴을 소개하기 위해 그들의 어깨를 부드럽게 만질 필요가 있다는 것을 알게 되었다. 그녀가 물었을 때, 니콜은 킴에게 팀이 그들이 그들의 일에 집중하고 제시간에 끝낼 수 있도록 침묵을 유지하기 위한 방법으로 귀마개를 사용하는 것에 동의했다고 말했다. 이 팀에게 귀마개를 착용하는 것은 "방해하지 마세요"라는 말의 한 방법이었지만, 그들은 새로운 구성원을 만날 때와 같은 예외를 기꺼이 만들었다. 그녀의 팀에서 비언어적 신호의 의미를 빨리 배우고 이해함으로써 킴은 그것들과 연결되어 있다고 느끼고, 아마도 그녀의 몰입 수준은 그녀가 고립되었다고 느끼는 것보다 더 빠르게 증가할 것이다.

기회들

기회에는 기업 내에서 성장하고 발전할 수 있는 옵션이 포함된다. 여기에는 프로젝트, 과제, 교육, 감사 및 승진 등이 포함될 수 있다. 이것들은 회사 내부에 존재하거나 전문협회 또는 기타 관련 단체와 같이 회사 외부에 존재할 수도 있다. 이러한 기회를 이용할 수 있는 방법과 직원들이 회사와의 관계 측면에서 이러한 이슈들을 관리하는 주체에 대해서 알아야 한다.

예를 들면, A보험사는 직원 개발 중요성에 대한 자부심을 강하게 갖고 있다. 그리고 상대적으로 업계에서 1인당 평균 교육 비용이 높다. 외부인에게 A보험사는 일하고, 배우고, 성장하기에 완벽한 장소이다. 그러나 A보험사의 몰입도 조사를 마쳤을 때, 그들은 새로운 직책에 대한 내부 후보자들보다 외부 후보자들이 더 선호되고 특정 그룹의 구성원들만 승진을 하고 항상 같은 직원들이 보상 인정을 받는다고 인식하고 있는 것으로 확인되었다. 당연히 직원들이 불평등을 인식하고 기대했던 최소한도를 초과할 이유를 찾지 못했기 때문에 이들의 몰입 수준은 규모가 큰 회사에 비해 낮게 나타났다. 따라서 관리자들은 기회가 종종 몰입의 운영 정의에 포함되기 때문에 문화의 한 요소로서의 기회의 가용성과 직원몰입에 미치는 영향에 대하여 특별한 주의를 기울여야 한다.

구조

구조는 일터에서 일이 구성되는 방식을 의미한다. 구조는 직원들이 상호간, 그리고 관리자 및 감독자와 상호작용하는 방식에 영향을 미치고 이러한 상호작용에서 기대되고 수용되는 실질적인 계층 수준으로 정의된다. 두 가지 예를 살펴보도록 하겠다.

PaperClipsForAll은 7개의 관리 계층(팀장, 감독자, 관리자, 전무, 부사장보, 부사장, 그리고 사장)으로 구성된다. 모든 직원은 직함과 성으로 경영진에게 알려야 하며 모든 소통은 직속 상사를 통해 전달되어야 한다. PaperClipsForAll에는 개방 정책이 없다. 이러한 정책은 귀중한 시간과 자원을 낭비하는 것으로 간주되기 때문이다. PaperClipsForAll에서는 모든 직원이 자신의 역할과 책임을 명확하게 정의하고 있고, 자신이 무엇을 해야 하는지 정확히 알고 있다. 그 자체로 직원이 이를 준수하지 않을 때의 규율 프로세스도 마찬가지로 운영된다.

반면 RollOurOnlyWay Brands에는 세 가지 관리 계층(팀장, 관리자, 임원)이 있다. 모든 사람들은 다른 사람들의 이름을 부른다. RollOurOnlyWay Brands에서는 모든 직원들이 언제, 어떤 방법으로든 회사 내의 누구와도 소통할 수 있도록 권장한다. RollOurOnlyWay Brands는 역할과 책임을 일반적인 용어로 정의하여 업무와 프로젝트를 완료하는 데 있어 유연성과 혁신을 촉진한다.

이 두 가지 사례에서 구조는 직원의 자율성을 결정하고 상호작용 규범을 정의한다. 이 두 가지 요소는 각 회사의 직원몰입 수준을 다르게 만든다. 프로세스와 절차는 조직에서 업무가 종료되는 방식을 확립하고 공식적인 경로를 통해 업무 종료를 안내하기 때문에 구조와 연결된다. 직원들은 매일 프로세스와 절차를 준수해야 하기 때문에 경영진은 확립된 것과 다른 모든 것을 해결해야 한다. PaperClipsForAll의 직원들은 모든 절차의 모든 세부 사항을 준수해야 할 가능성이 높다. 반면 RollOurOnly-

Way Brands의 직원들은 일을 보다 효율적으로 완료할 수 있는 방법을 찾기 위해 모든 절차에 도전할 것을 권장한다. 앞서 언급했듯이 일이 종료되는 방식은 직원몰입의 원동력이다. PaperClipsForAll 및 RollOurOnlyWay Brands의 직원들은 서로 다른 수준의 몰입을 기대할 수 있다는 것이다.

자료들

자료는 직원들이 업무를 수행하기 위해 사용할 수 있는 자원이다. 여기에는 장비, 컴퓨터, 장치, 유니폼, 보호구, 가구 및 소품 등이 포함될 수 있지만 이에 국한되지는 않는다. 기업은 직원에게 어떤 자료를 제공할 것인지, 어떤 상황에서 어떤 자료를 제공해야 하는지를 결정해야 한다. 어떤 경우에는 직원들이 자료 비용을 보조하기 위해 급여와 기타 수당을 받기도 한다. 조직문화 내에서 자료의 중요성과 직원몰입에 미치는 영향에 대한 두 가지 사례를 살펴보도록 하겠다.

에바는 기술 전문가이다. 다음과 같은 상황에서 그녀를 상상해보자. WeAreExpeditions LLC는 기술 솔루션에 대한 컨설팅 서비스를 제공한다. 이곳은 최신 버전의 소프트웨어가 제공되면 그것을 배포한다. 또한 컴퓨터 업그레이드 주기를 3년에서 5년마다 시행하고 있다. WeAreExpeditions LLC의 본사에서는 컨설턴트가 고품질의 가구와 작업 자원을 보유하고 있다. 그들은 자율시행제도로 사무용품을 사용한다.

WeTatter4U는 프로그램이나 소프트웨어 버전이 더 이상 쓸모가 없어질 때까지 변경하지 않는다. WeTatter4U의 몇몇 컴퓨터는 휴대폰보다 메모리가 적기 때문에 최신 소프트웨어 버전을 실행할 수 없다. WeTatter4U는 사무실 가구와 칸막이를 재사용하거나 직원을 재배치한 후 재활용하는 방식에 자부심을 갖고 있다.

여러분들은 에바가 어디에서 더 몰입될 수 있다고 생각하는가? 이 두 가지 사례에서 자료와 자원에 대한 활용은 경영진이 이를 얼마나 중요하게 생각하는지를 직원들에게 전달하는 것이 중요하고 그에 따라 직원몰입도 수준에 영향을 미친다는 것이다.

이제 여러분들이 생각하고 있는 직원몰입에 대해 활동할 차례이다. 다음의 표에서는 방금 직원몰입에 대해 논의한 조직문화의 다양한 요소 간의 관계를 설명한다. 10점 척도 기준으로 문화의 각 요소에 가치를 부여하여 직원들이 팀 몰입에 영향을 미치는 요소로 인식하는 것과 얼마나 관련이 있는지 나타내는 것이다.

Worksheet 2-1 조직문화의 요소와 직원몰입

구분	척도									
	1	2	3	4	5	6	7	8	9	10
신념										
지식										
기대										
언어										
기회										
가치										
구조										
태도										
자료										

각 점수를 평가하고 해당 점수를 선택한 이유를 정리해보도록 하자.

1. 어떤 요소가 가장 높은 점수를 받았나?

2. 가장 낮은 점수를 받은 요소는 무엇인가?

3. 원하는 결과에 도달하기 위해 무엇을 해야 하는가?

이제 여러분의 회사의 문화가 업무에 어떤 영향을 미치는지 보다 명확하게 파악할 수 있다. 여러분 회사의 문화가 직원들의 몰입에 어떤 영향을 미치는지 알아볼 수 있도록 직원들과 동일한 실습을 완료하기 바란다.

다음과 같은 질문에 답하면서 여러분 회사의 문화를 생각해보기 바란다.

1. 직원몰입과 관련된 여러분 회사의 문화를 어떻게 설명할 것인가?

2. 당신은 회사의 문화에 동의하는가? 아니면 동의하지 않는가? 이유는?

3. 여러분 회사의 문화와 관리자로서의 회사와의 관계를 어떻게 설명할 것인가?

4. 문화 속에서 자신을 관리자로 어떻게 생각하는가?

5. 당신은 당신 회사의 가치를 알고 있는가?

6. 당신의 회사는 약어에 얼마나 익숙한가?

____

____

____

7. 당신의 회사 구조가 관리자로서 일에 도움이 되거나 방해가 되는가? 그 이유는?

____

____

____

이러한 연습과 그 결과를 직원들과 공유하여 조직문화와 몰입에 미치는 영향에 대하여 더 많은 정보를 얻을 수 있도록 노력해야 한다.

조직문화의 중요성

직원들은 원격 근무를 하더라도 하루의 약 1/3을 일터에서 보내거나 업무와 관련된 활동으로 마무리한다. 이러한 근무 시간의 결과로써 직원들은 가족보다 동료 및 관리자들과 더 많은 시간을 보내기 때문에 상대적으로 통제된 상황에서 동료들과 공통적으로 여러 가지 경험을 하게 된다. 직원들이 일터에 있을 때, 그들은 공통된 업무 공간을 가지고 있고 휴식 시간을 공유하고 유사한 도구를 사용하고 공통의 언어를 구사하면서 다른 집단적인 경험을 한다. 비록 인터넷과 소셜 미디어가 직원들이 광범위한 외부 정보에 노출되도록 허용하지만, 많은 회사들은 근무 시간 동안 그러한 미디어 접근에 제한을 두고 있다. 따라서 정보의 외부 출처나 다른 배경을 가진 개인에 대한 노출로 인해 이러한 공유된 경험은 일터에 대한 직원들의 인식뿐만 아니라 그들의 행동에도 추가적인 영향을 미친다. 이러한 공유된 경험과 그 경험이 발생하는 맥락은 직원몰입을 수정하는 역할을 한다. 이러한 사회화 과정은 해당 고용주를 위해 근무하는 직원의 재직 기간 동안 지속되고 변화한다.

조직문화는 방향성을 제공하고 상호작용을 정의할 뿐만 아니라 공통의 근거를 확립한다. 문화를 통해 회사는 직원들의 팀워크와 충성심을 증진시킨다. 또한 기업은 문화의 부산물인 명성을 통해 보존을 유지할 수 있다.

이제 여러분들의 차례다.

1. 조직문화가 직원몰입에 미치는 영향이 그대로 유지된다고 생각하는가? 아니면 시간이 지남에 따라 변화한다고 생각하는가? 그 이유는?

2. 여러분의 기업문화가 직원몰입을 지원하도록 보장하기 위해 수행하고 있는 세 가지 단계는 무엇인가?

개인과 조직문화의 관계

조직문화의 중요성에 대하여 논의하고 각 구성요소가 직원몰입에 어떻게 기여하는지에 대한 사례를 공유했다. 우리는 논의를 시작할 때 조직문화를 역동적이라고 설명했다. 이제 우리는 개인과 조직문화의 관계도 시간이 지남에 따라 서로에게 영향을 미치므로 역동적이라고 제안할 것이다. 우리가 의미하는 바를 설명하기 위해 다음의 사례를 살펴보도록 하겠다.

점진적으로 변화를 도입하는 것으로 유명한 관리자인 조이스는 최근 HugePills 제약회사에 입사하여 회계팀을 맡았다. 대규모 제약회사는 전통적인 조직으로 명성이 자자하다. 조이스는 전형적인 조직 정착 프로세스를 거치면서 "우리는 항상 이런 식으로 했다", "이것이 우리가 대규모 제약회사에서 일하는 방법이다"와 같은 문구를 듣기 시작했다. 또한 그녀는 팀의 운영 방식을 바꾸기 위해 질문을 계속할 경우 자신의 직책을 얼마나 오래 유지할 것인지에 대한 좋은 의미에서의 경고를 받았다. 조이스는 HugePills 제약회사에서 변화를 일으키기로 결심했다. 그녀는 자신의 팀이 어떻게 운영되는지에 대해 완전히 알고 있고 존경을 받는 비공식 리더들의 협력을 확보했다. 그녀는 공식적으로 직원들과 상당한 시간을 보냈을 뿐만 아니라 비공식적으로 직원들을 알아가고 직원들과 신뢰 관계를 발전시켰다. 그녀는 HugePills 제약회사의 전문용어를 배우고 사용했다. 그녀는 팀의 참여와 함께 점차적으로 변화를 일으키기 시작하는 주요 운영 프로세스를 파악했다.

처음에 몇몇 관리자들은 조이스의 제안에 저항했고 그녀가 시행한 새로운 절차를 따르는 것을 거부했지만, 점차 그들은 일의 효율을 보기 시작했다. 심지어 연간 직원몰입도 조사 결과에서도 개선된 것으로 나타났다. 결국 다른 팀장들도 자체 운영 프로세스와 절차를 검토하여 전반적인 공장 효율성을 높이는 데 기여하기 시작한다.

조이스의 사례는 개인과 조직문화가 서로에게 어떤 영향을 미치는지 보여준다. 비록 조이스는 처음에 HugePills 제약회사의 외부인이었지만, 조직에서 더 오랜 재직 기간을 가진 직원들에 의해 유사한 변화를 경험할 수 있었다. 조직문화가 직원몰입에 영향을 미친다는 점을 강조했지만, 관리자로서 개인의 차이를 활용하고 자신의 참여 수준을 모니터링함으로써 변화를 가져올 수 있었다.

조직문화 안에서의 개인 차이

세대, 성별, 교육, 사회경제적 지위, 이전의 경험, 산업 조직 수준, 조직 역할, 지리적 지역, 가족 규모, 지역사회 참여와 같은 요소들은 조직문화의 영향을 감소시키거나 증가시킬 수 있다. 따라서 문화의 유사한 구성요소에 대해 개인은 다르게 반응할 것이고 이러한 구성요소는 몰입 수준에 대해 대조적인 가중치를 가질 수 있다.

ReadyToRumbles의 동료인 자릴과 트리시의 이야기를 통해 이러한 차이점들과 직원몰입을 촉진하는 데 있어 관리자로서 어떤 의미가 있는지 살펴보도록 하겠다. 자릴은 대학 시절 인턴으로 ReadyToRumbles에서 일하기 시작해 신입사원 자리를 얻어 한 부서에서 3년간 근무한 뒤 최근 운송팀에 합류하여 프로젝트를 수행했다. 자릴의 전체 경력은 ReadyToRumbles이 전부였고 그는 수년 동안 그에게 주어진 것에 대해 그 조직에 매우 충성했다. 자릴은 ReadyToRumbles에 대하여 기회가 있을 때마다 다른 사람들이 그곳에서 일자리를 구하도록 강조하고 독려한다. 그는 오랜 시간 일하는 것에 익숙하다. 왜냐하면 그들의 시스템은 최고 경영진을 위한 보고서를 작성하는 데 많은 시간을 사용하기도 하지만, 그의 가족들도 그의 부재에 익숙해져 있기 때문이다. 자릴은 은퇴할 때까지 ReadyToRumbles에서 계속 일할 계획이다.

트리시는 ReadyToRumbles에 합류하기 전에 세 개의 다른 조직에서 일한 경험이 있다. 그녀는 일본에서 교환학생으로 인턴십을 마쳤고 그곳에서 일본어를 배웠다. 그리고 그녀는 신입사원으로 일하면서 곧 팀의 리더가 되었다. ReadyToRumbles은 그녀의 기여와 전문성 때문에 영입했다. 트리시가 ReadyToRumbles에서 시작하기 전까지 그녀는 가족과의 시간을 그녀에게 매우 중요하게 생각하였기 때문에 절대적으로 필요할 때만 긴 시간을 일했다. 그녀는 기술에 매우 정통하고 생산성을 매우 높은 수준으로 유지하기 위해 그것을 사용하지만, ReadyToRumbles에서 사용할 수 있는 시스템은 그녀의 성과에 장애요인이 되고 있다. 트리시는 회사에 실망했고 그들의 제안을 수용하기 전에 기술과 다른 자원에 대해 더 많은 질문을 하지 않은 것에 후회한다. 그녀는 이미 다른 곳에서의 다른 기회를 찾고 있다. 자릴과 트리시는 같은 회사에서 일하며 문화의 영향을 받는다. 그러나 배경의 차이 때문에 기술의 가용성이라는 단일 요소의 영향은 각 요소에 미치는 영향이 다르다. 자릴에게 "평소와 같은 비즈니스"라는 것은 트리시에게 완전히 받아들여지지 않는다. 따라서 그들의 몰입 수준은 "나"의 요소 때문에 완전히 반대 성향이다. 만약 당신이 그들의 관리자라면 당신은 자릴이 높은 수준의 몰입을 유지하도록 하는 방법과 트리시의 몰입 수준을 높일 수 있는 방법을 찾고 그 차이점들을 해결하기 위해 힘써야 할 것이다.

이제 여러분들 차례다. 여러분의 팀에서 개인적인 차이를 살펴보기 바란다.

1. 당신의 팀에는 어떤 개인적인 차이가 있는가?

2. 이러한 개별적인 차이가 직원들의 몰입에 어떤 영향을 미치는가?

---

3. 직원몰입도를 높이기 위해 이러한 차이를 해결하려고 무엇을 하고 있는가?

조직문화에서 관리자의 역할

관리자의 역할로서 당신은 당신의 직원들을 위해 회사의 문화를 구체화해야 한다. 왜냐하면 그들은 당신이 하는 모든 것을 해석하고 회사와 그 안에서 일하는 방식을 대표하는 사람으로서 당신과 소통할 것이기 때문이다. 당신은 회사 안에서 다양한 관리자들과 함께 직원몰입뿐 아니라 이러한 문화를 형성하는 데 지속적으로 기여하게 될 것이다. 관리자는 조직문화를 유지하거나 구성원들의 변화를 시작할 수 있는 고유한 위치에 놓여 있는 것이다. 의도하든 아니든 간에 관리자가 모범을 보여야 하기 때문이다.

다양한 업계의 고객들과 함께 일한 경험을 바탕으로 우리는 여러분 회사의 문화 **보디가드**, **스테디원**(**안정적인 사람**) 또는 **변화관리자**가 될 수 있다고 제안한다. 각 기업이 기업문화 내에서 어떻게 기능하고, 그 역할 내에서 직원몰입을 촉진하는 데 어떻게 기여하는지 살펴보도록 하겠다.

» 첫째, **보디가드**는 회사의 문화가 그대로 완벽하다고 절대적으로 확신하며, 복장(회사 배지)과 일터에 회사의 상징(경영진 사진)을 자랑스럽게 표시한다. 보디가드는 모든 신규 인력들에게 회사에서 일하는 방법을 지속적으로 강화하고 누구나가 다년간 재직할 수 있는 기회가 열려 있다고 공유한다. 보디가드는 조직 차원에서 널리 알려져 있고 존경받는 사람이다. 일반적으로 보디가드는 시간이 지남에 따라 책임을 증가시키는 다양한 역할을 가지게 되고 다른 곳에서 일하는 것이 어떨지 상상조차 할 수 없을 것이다. 보디가드는 외부인이나 신입사원으로부터 오는 어떠한 공격으로부터도 회사를 적극적으로 방어한다. 어떤 대가를 치르더라도 회사의 문화를 유지하기 위해 노력하지만, 때로는 통제력을 잃는 것에 대한 무언의 두려움 때문에 상황을 혁신하고 더 좋게 만들 기회를 놓칠 수 있다. 보디가드는 조직 브랜드와 이미지를 제고하고 지속적인 소통을 통해 직원몰입을 촉진한다. 그리고 성과관리를 사용하여 회사에 적합하다고 생각되는 직원의 행동을 영구화하고, 승인되지 않은 직원의 행동을 자제시킬 수 있다. 이로 인하여 의도치 않게 팀 내 직원몰입의 극과 극을 초래하기도 한다.

» 둘째, **스테디원**(**안정적인 사람**)은 회사의 문화를 이해한다. 스테디원은 시간이 지남에 따라 변화하지만, 그 속도가 매우 느리다. 다른

회사에서 일한 경험이 있을 수도 있고 없을 수도 있지만, 일반적인 관리자보다 현재의 회사에 더 오래 머무른다. 스테디원은 문화가 어떻게 될 수 있는지에 대한 장기적인 관점을 가지고 있지만, 그러한 방향으로 급진적인 조치를 취하지는 않을 것이다. 대신 그는 지원을 결정하기 전에 프로젝트의 잠재적인 영향을 분석하고 성공에 대한 확신이 매우 높은 경우에만 행동한다. 스테디원은 직원뿐만 아니라 자신에게도 실패의 위험을 최소화하기 위해 의도적으로 관찰하는 경향이 있다. 회사의 역사와 문화에 대한 좋은 정보원임에도 불구하고 그의 의견을 구하는 일이 거의 없다. 스테디원은 그의 경력이 끝날 때까지 현재의 회사에 머무르기를 희망하고 만약 문화가 극적으로 변한다면 진부해질 것을 두려워한다. 스테디원은 조치를 취하기 전에 신중한 분석의 중요성을 높이는 지속적 소통 활동을 통해 직원몰입을 촉진한다. 그는 성과관리와 관련된 모든 활동 동안 세부 사항에 상당한 주의를 기울일 것이고 팀원들의 경력 기회를 고려할 때는 매우 신중할 것이다. 결국 스테디원이 직원몰입에 미치는 영향은 팀원들의 타고난 성향에 따라 달라질 것이다.

» 셋째, **트랜스포머(변화관리자)**는 회사의 문화를 완벽하게 이해하고 있지만, 무엇이 더 잘될 수 있는지를 파악하기 위해 비판적으로 살펴볼 수 있다. 보디가드와 마찬가지로 트랜스포머는 회사의 상징을 자랑스럽게 전시하고 방어하지만, 트랜스포머는 결국 다른 곳으로 일하러 갈 것을 알고 있기에 충성심의 표현으로 광적인 감정을 전달하지 않도록 매우 조심한다. 트랜스포머는 회사 전체에 잘 알려져 있지만, 다른 회사에서도 다양한 위치를 유지하고 있다. 다른

사람들은 그의 의견이 감정보다는 사실과 트렌드에 기반을 두는 경향이 있기 때문에 그의 의견을 구한다. 그는 회사 문화의 단점을 보지는 않는다. 트랜스포머는 다른 조직의 모범 사례에 대한 정보를 찾고 이를 적용하여 신속하게 구현할 수 있는 방법을 찾는다. 그리고 회사 범위 내에서 창조하고 혁신하려는 직원들의 노력을 지지한다. 이는 실수를 용인하고 수정하는 것을 의미할 수도 있다. 그리고 직원들이 의사결정을 내리고 위험을 감수하고 변화를 만들 수 있도록 권한을 부여한다. 트랜스포머는 모든 결과에 대한 책임을 지고 직원들의 여정을 지원하는 성과관리뿐만 아니라 리더십과 소통 활동을 통해 직원들의 몰입을 유도한다.

모든 조직에는 보디가드, 스테디원, 그리고 트랜스포머 역할을 하는 사람들이 필요하다. 왜냐하면 서로 다른 순간에 서로 다른 요구를 충족시키기 때문이다. 그러나 회사들은 그들이 무엇을 하고 어떻게 하느냐에 따라 다른 회사들보다 한 회사를 선호하는 경향이 있을 수 있다. 예를 들어 당신은 은행과 금융과 같은 보수적인 산업에서 더 많은 보디가드 역할의 관리자를 찾을 수 있을 것이다. 이와는 대조적으로 첨단 기술 기반의 회사는 변화와 혁신에 의존하기 때문에 더 많은 수의 트랜스포머 역할의 관리자를 보유할 수 있다.

비록 관리자의 관점에서 조직문화의 보디가드, 스테디원, 트랜스포머를 제시했지만 팀 구성원들 사이에서 그 세 가지 역할의 다양성을 발견할 수 있다. 우리는 여러분의 성격이 팀의 다른 구성원들과 어떻게 비슷하거나 다른지 확인하기를 추천한다.

관리자는 보통 이미 존재하는 팀을 이끌게 된다. 이러한 상황이라면 팀원들의 몰입을 촉진하기 위해 필요한 사항을 해결해야 하고 이 책의 다른 장에서 알려주듯이 팀원들의 몰입 과정과 전반적인 경력에서 그들이 어디에 있는지를 고려해야 한다. 그러나 당신은 팀 또는 회사의 신입사원 채용 및 선발에 참여할 수 있다. 이러한 과정은 미래 회사 문화의 기반이 되기 때문에 우리는 여러분이 변화를 만들고 "참여를 위한 인터뷰"를 할 수 있는 기회를 활용하여 능력 이외에도 호불호에 대한 질문을 할 것을 권장한다. 여러분은 이러한 인터뷰에서 일터에 대한 긍정적인 성향의 증거를 찾을 것이며 이는 직원들의 높은 몰입을 위해 필요한, 강한 감정적 연결을 확립하는 과정의 첫 단추이다.

다른 장에서는 회사 내에서 직원몰입 프로세스의 전형적인 절차를 설명할 것이다. 그렇기 때문에 이 장을 마무리하기 전에 마지막 세션에서 논의한 내용에 대해 생각해보길 바란다.

이제 여러분의 차례이다.

1. 보디가드, 스테디원, 트랜스포머 역할이 우리의 일터 문화에 어떤 기여를 할 수 있다고 생각하는가?

____

____

2. 당신의 팀의 성공에 각각 어떻게 기여하는가?

____

____

3. 세 가지 역할 중에서 당신이 현재 속한 기업의 조직문화에서 기여하고 있는 모습과 가장 많이 닮은 역할은 어떤 것인가? 그 이유는?

4. 보디가드, 스테디윈, 트랜스포머가 충족시키지 못한 문화적 요구는 무엇인가?

5. 이러한 요구를 해결하기 위해 우리는 무엇을 할 수 있는가?

핵심정리

- 조직문화는 태도, 신념, 기대, 지식, 언어, 기회, 구조, 및 자료를 포함한다.
- 신념은 사건의 내재적 표현이다.
- 태도는 직원몰입에서 중요한 역할을 한다. 태도에는 감정적, 행동적, 인지적 요소가 포함된다.
- 가치는 회사가 협상할 수 없는 것을 구체화한다.
- 기대는 심리적 계약의 일부이다.
- 성공에 필수적인 불문율은 지식의 일부이다.
- 의사소통에서 언어와 비언어적 언어를 고려해야 한다.
- 기회는 종종 몰입 방정식에 포함된다.
- 구조는 직원들이 상호작용을 하는 방식에 영향을 미친다.
- 필요한 자원들을 인지해야 한다.
- 보디가드, 스테디원, 트랜스포머 세 가지 역할 모두 필요하다.

PART 2

직원몰입 여정

– 직원몰입의 절차와 그 단계:
몰입 "나" 경로

들어가기에 앞서

직원몰입은 프로세스이다. 다음 몇 장에서는 이 프로세스에서 직원이 어느 위치에 있는지 확인할 수 있는 단계를 제시한다. 평가 결과는 팀 내 직원몰입을 촉진하기 위해 무엇을 할 것인지를 계속 계획하는 데 도움이 될 것이다. 우리는 각 단계에 대한 논의를 전반적인 개요로 시작한다. 또한 1장에서 논의한 몰입 동인은 각 단계에 연결된다. 그 이후에 우리는 단계마다 전형적인 직원 행동의 사례를 제시할 것이다. 또한 관리자로서 취해야 할 조치와 피해야 할 조치, 즉 해당 단계에서 직원들의 요구를 목표로 하여 행해야 할 것과 행하지 말아야 할 것을 제시한다. 지금까지 이 책에서 살펴본 것처럼 각 세션에는 배운 내용을 특정 상황에 지속적으로 적용할 수 있도록 고민해야 할 질문이 포함되어 있다.

우리가 시작하기 전야 고려해야 할 사항이 있다. 직원들이 얼마나 몰입하고 어떤 단계에 있는지는 그들의 경력과 개인적인 환경 및 그들의 위치와 관련이 있을 수 있다는 점이다.

몰입 “나” 경로

우리의 직원몰입 모델은 몰입 “나”의 경로로 불린다. 처음에는 모든 직원이 동일한 순서로 모든 단계를 거쳐야 한다고 제안하는 것으로 생각할 수 있다. 심지어 여러분은 이 책의 다른 부분에서 몰입에 있어 개인 차이의 역할을 강조한 후에 우리가 스스로 모순되는 말을 하고 있다고 생각할지도 모른다. 이 중요한 점을 명확하게 하기 위해 프로세스 모델을 제안하는 것은 각 단계에서 일어나는 일을 정리하고 직원이 한 단계에서 다음 단계로 어떻게 가는지 보여줄 수 있기 때문이다. 조사에 따르면, 대부분의 경우 직원들은 특정 순서대로 단계를 거친 다음 처음부터 다시 시작한다. 하지만, 앞서 이야기한 것처럼 직원마다 상황이 다르므로 이러한 차이점에 유의해야 한다. 많은 경우는 직원이 한 단계에서 다음 단계로 어떻게 진행되는지는 특정 단계에서 여러 가지 요인 중에서 일어나는 일에 따라 달라진다는 것이다. 관리자로서 여러분들은 업무가 직원몰입에 영향을 미치는 일부 요인으로 통제 범위 밖에 있다는 것을 인정하고 직원몰입을 극대화하기 위해 이러한 고유성을 최적화해야 한다. 〈그림 1〉은 우리가 제안하는 프로세스를 가시화시킨 것이다. 이 과정은 직원이 시작 단계에서 조직에 합류할 때 시작되고 일반적으로 처음 6개월 동안 지속된다. 그 방법을 일터에서 배우면서 직원은 자신의 일터에서 1주년을 맞이할 수 있는 상황파악 단계에 돌입한다. 직원이 일터에서 더 편안해짐에 따라 그들은 안정적인 단계로 들어갈 것이고 그곳에 오래 머물지도 모른다. 안정적인 단계에서는 직원이 주요한 사건을 겪게 되면 다음 단계에 영향을 미칠 수 있다. 주요 사건의 영향을 받지 않는 경우 안정적 단계로 돌아간 다음 성장 단계로 이동할 것이다. 성장 단계에 있는 직원은 머물 것인지 떠날 것인지에 대해 논의할 수 있고 상황파악 단계로 돌아가서 프로세스를 계속할 수도 있다. 처음에는 이것이 직관에 반하는 것처럼 보일 수 있지만, 앞으로 나아갈 때마다 직원의 경험은 처음부터 새로운 것을 다시 시작하는 것과 비슷할 것이다. 따라서 직원은 자신이 올바른 선택을 했는지, 그리고 자신이 기대하는 것을 받고 있는지를 확인한 후에 계속해서 몰입 "나" 경로를 따라가야 한다. 다시 말해서 직원은 앞으로 도약하기 위해 뒤로 물러나야 한다.

주요 사건이 직원몰입에 부정적인 영향을 미칠 경우에는 직원은 거부 단계에 들어갈 수 있다. 직원이 거부 단계에 진입하는 경우에 그들은 머물지 떠날지 선택할 것이다. 만약 머무르기로 결정한다면 그들은 몰입을 위해 노력하거나 몰입과 멀어지기 위해서 다시 상황파악 단계로 돌아갈 것이다. 직원이 새로운 단계로 이동할 때마다 새로운 상황에 대한 현실 점검을 거치게 된다. 왜냐하면 직원을 위해 세상은 바뀌었고, 오직 상황파악을 통해서만 직원에게 무슨 일이 일어나고 있는지를 알 수 있기 때문이다. 만약 직원이 떠나기로 결정한다면 정신적, 육체적으로 또는 두 가지 측면 모두 몰입 "나"의 경로를 통한 진행은 끝날 것이다.

이제 각 단계를 자세히 살펴보도록 하겠다. 3장에서 성장과 쇠퇴의 옵션에 대한 설명을 시작으로 6장에서 유지되거나 떠남, 그리고 다시 몰입하거나 몰입과 멀어지는 프로세스로 마무리된다. 전체 프로세스에 대한 설명이 끝나면 핵심 내용과 요점에 대하여 설명하겠다.

그림 1 직원몰입 "나" 경로

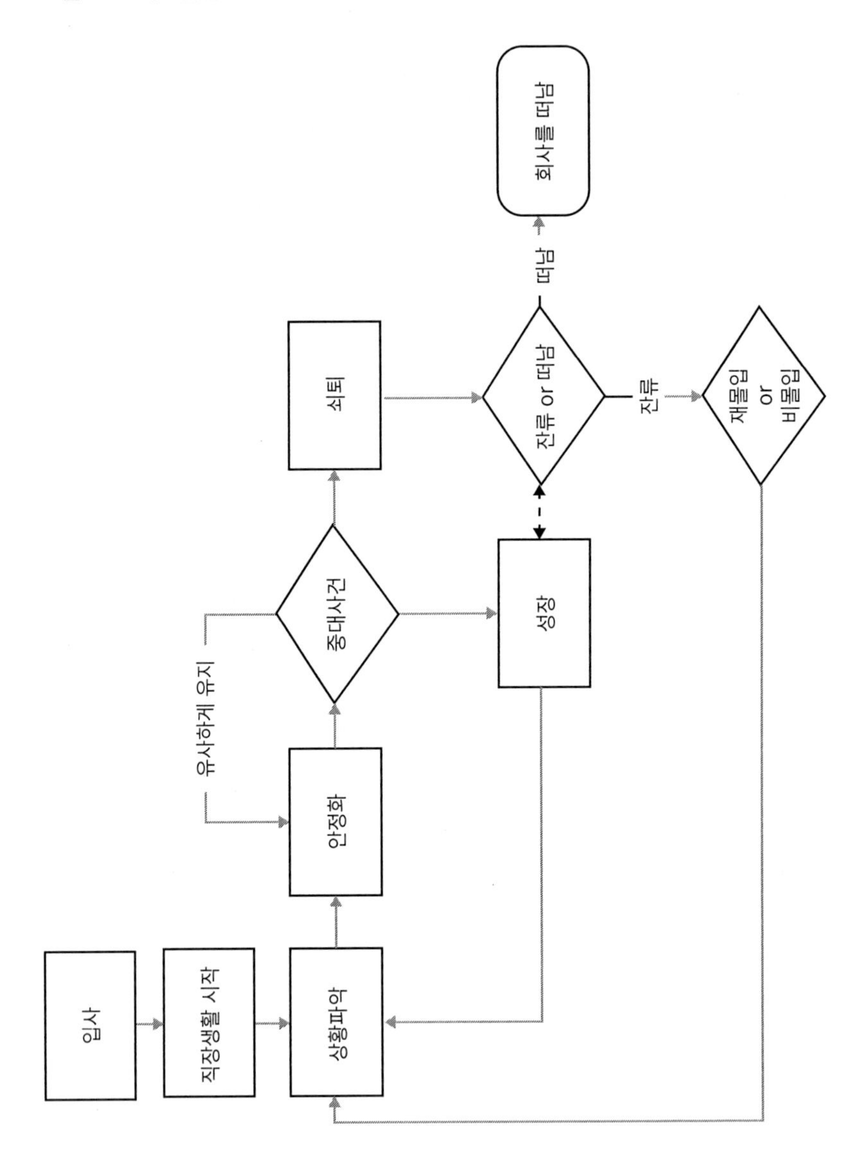
입사
직장생활 시작
상황파악
안정화
유사하게 유지
중대사건
쇠퇴
성장
잔류 or 떠남
떠남
회사를 떠남
잔류
재몰입
or
비몰입

제3장

시작과 검증

- 여정의 시작과 현상 파악

시작

개요

이 단계는 관리자로서 직원몰입을 촉진할 수 있는 절호의 기회를 제공한다. 왜냐하면 직원에게 모든 것이 새롭기 때문이다. 직원은 희망적이고 열정적이며, 자신의 새로운 역할과 미래에 대해 의욕적이다. 비슷한 맥락에서 관리자로서 여러분은 회사에서 직원의 역할과 잠재적인 기여에 대해 확신해야 한다. 팀원들은 새로운 구성원과 일을 공유할 수 있는 기회를 기대하고 있지만, 접근 방식에 있어 신중할 수밖에 없다. 새로운 직원이 회사, 팀, 그리고 여러분과 함께한 첫 경험은 일터에 대한 그들의 인식을 바꾸기 때문에 매우 중요하다. 이 단계에서 일어나는 일은 여러분의 회사에 재직하는 동안 직원의 몰입 수준에 기여할 것이다.

이제 여러분 차례이다. 직원들이 몰입 "나" 경로의 어느 단계에 있는지 파악하면 좋을 것 같다. 출발 단계에 있는 직원은 누구인가? 그들의 이름을 나열해보자. 이제 이 장에서 소개할 몰입 동인을 자세히 살펴보고 특히 중요한 요소들을 제안하도록 하겠다.

동인(영향을 미치는 요소들)

이미 논의한 동인 중 하나는 조직 브랜딩과 이미지이다. 직원들에게 입사하기 전부터 중요한 것은 회사가 그 일자리를 구직자들이 원하도록 유도하는 경우가 많기 때문이다. 기본급, 인센티브, 전반적 복리후생, 유연한 배치 등이 채용 제안의 일부이고 그들을 회사에 입사시키기 위한 설득 요인이 될 수도 있다. 이 책의 다른 부분에 정의된 총보상은 직원의 결정에 중요한 역할을 한다. 직원이 시작 단계를 시작하면 신입직원이 조직을 탐색할 때에 성과관리, 특히 목표, 소통, 인정 및 자율성과 같은 동인이 직원몰입에 어느 정도 영향을 미친다. 같은 맥락에서 조직관리는 일반적으로 신입사원이 회사, 관리자 및 팀과 중요한 유대관계를 형성하도록 영감을 줄 것이고 이는 그 조직에 몰입의 감정적 요소들로서 닻을 내리는 역할을 할 것이다. 마지막으로 이 단계에는 비록 입사 후 처음 6개월의 계약 기간만 포함되어 있지만, 그들은 이 기간에 경력 기회와 잠재력에 대한 정보를 수집하기 시작할 것이다. 그들이 회사의 일원이 되기로 결정을 한 것에 대한 적절성을 확인함에 따라 그들의 초기 인식은 바뀌게 된다.

이제 직원몰입 수준과 관련하여 시작 단계에서 발견할 수 있는 직원 행동의 몇 가지 사례를 공유하고 그들에게 나타나고 있는 것들을 확인해볼 수 있다.

직원 행동

이는 시작 단계에서 관찰할 수 있는 직원들의 몇 가지 행동 사례이다.

» 첫째, 다른 사람들이 관료주의, 규칙, 규정, 보상 및 금기와 같은 문제에 대해 일터에서 암묵적인 규칙을 배우기 위해 어떻게 행동하는지 관찰한다.

» 둘째, 과업 및 책임에 대한 정보와 목표, 그리고 목적에 대한 정보를 얻는다.

» 셋째, 일하는 습관 및 루틴을 설정하고 실행한다.

» 넷째, 부서 내·외부에서 다른 사람들과의 관계를 만들려고 노력한다.

» 다섯째, 자신과 관리자를 포함한 다른 사람들 사이의 유사점과 차이점을 찾는다.
» 여섯째, 정보 및 지원 사항의 출처를 구분한다.
» 일곱째, 소셜 미디어와 다른 곳에서 회사와 팀에 대해 높이 평가한다.
» 여덟째, 회사 로고 및 기타 마크를 착용하고 표시하기 시작한다.
» 아홉째, 회사에 대해 배우기 위해 조직 정착 프로그램에 적극적으로 참여한다.
» 열 번째, 조직의 가치가 자신의 가치와 일치하는지 확인한다.
» 마지막으로 리더, 특히 관리자가 모든 수준의 소통 방식에 주의를 기울인다.

지금까지 기술한 직원 행동들에 대하여 여러분들은 여러분의 조직에서 이러한 행동을 보인 구성원들을 확인해보기 바란다. 부록 [Worksheet 3-1]의 표를 활용하여 시작 단계에 있는 직원 중에서 발견한 행동을 이 목록에 표시해보자.

관리자 Dos vs. Don'ts

다음은 직원이 시작 단계에 있을 때 해야 할 행동과 하지 말아야 할 행동의 몇 가지 사례를 공유한다. 우리는 이 항목들이 직원몰입 "나" 경로에서 이 단계의 중요성 때문에 광범위하다는 것을 인정하고 이해하기 위해 노력해야 한다. 이 항목들에는 특별한 순서가 정해져 있지 않다.

해야 할 행동들

» 새로운 직원이 도착하기 전에 기본 장비, 도구, 자원 등을 사용할 수 있는지 확인하라.

» 새로운 직원이 도착하기 전에 그를 맞이하기 위한 준비를 하라.

» 팀과 회사의 다른 사람들에게 새로운 팀원을 소개하라.

» 개인적으로 새로운 직원을 환영하라.

» 조기 정착할 수 있도록 회사, 업무, 그리고 팀에 대한 정보를 제공하라.

» 새로운 직원이 팀에 통합될 수 있도록 추가적인 맞춤형 교육 프로그램 활동을 준비하라.

» 복장, 연설, 의사소통 방법, 직업윤리, 문화 등과 관련하여 회사 내에서의 적절한 행동들에 대하여 안내하라.

» 직원의 성공을 위한 장애물을 예상하고 제거하기 위해 노력하라.

» 소문, 업계 동향, 조직개편, 승진 및 처벌 등과 같은 내용에 대하여 솔직하게 접근하고 해결하라.

» 직원이 사업 목표와 전체적인 그림을 이해하고 회사 이익 창출에 대한 기여를 이해할 수 있도록 지원하라.

» 자기 자신, 직원, 팀 및 다른 사람들의 역할, 책임치와 기대치를 명확하게 하여 기술하라.

» 소통 채널과 주기 등을 수립하라.

» 타 부서 및 관리부서와의 상호작용을 촉진하라.

» 적시에 유용한 긍정적이고 발전적 피드백을 제공하라.

» 개인적인 질문을 피함으로써 직원 사생활을 존중하라.

» 직원으로부터의 실험적 자세와 질문을 장려하라.

피해야 할 행동들

» 팀 및 회사의 다른 구성원에 대한 소개를 연기하는 것

» 새로운 직원에 대한 장비, 도구 및 자원 등의 요구 사항을 지연하는 것

» 직원을 환영하고 다른 관리자 및 부서 소개를 위임하는 것

» 직원의 접근 권한을 회사, 업무 및 팀에 대한 정보로 제한하는 것

» 조직 이미지, 가치, 원칙과 일치하지 않는 행동을 보여주는 것

» 회사에서 제공하는 조직 정착 프로그램을 제한적으로 제공하는 것

» 소문, 업계 동향, 조직개편, 승진 및 처벌 등과 같은 문제를 인정하고 해결하는 것을 거부하는 것

» 직원의 업무에 대한 기대를 정의되지 않은 상태로 방치하는 것

» 직원이 회사에 내재화되는 측면에서 무엇을 해야 하는지에 대한 정보와 제안을 거부하는 것

» 사전에 적절한 정보를 가지고 있지 않아서 발생한 문화적 실수를 지적하는 것

» 충분한 정보를 제공하지 않으며 신속하게 질문에 답변하는 것을 지연하는 것

» 공개적으로 비판하는 것

» 도전적 과제를 권장하면서 실수에 대한 처벌을 하는 이중 메시지를 제공하는 것

» 팀 안에서 편애를 보여주는 것
» 개인적인 질문을 하는 것
» 지나치게 개인적인 모습을 보이는 것

이렇듯 시작은 직원들과 유대감을 형성하기에 가장 좋은 시기다. 우리는 지금까지 이야기한 행동들을 가지고 우리에게 얼마나 자주 보여지는지 확인할 수 있다.

1. 우리가 행하고 있는 것들이 몇 개이고 행하지 말아야 할 것들이 몇 개인가?

2. 여러분이 하고 싶은 일로 만들고 싶지 않은 세 가지를 확인해보자.

3. 여러분이 가끔 하는 행동을 확인하고 왜 그렇게 하는지 설명해보자.

상황파악

개요

이 단계는 지난 6개월 동안 팀의 일원이었던 직원의 몰입도를 지속적으로 높일 수 있는 기회에 대한 탐색이다. 직원이 자신의 가치관과 회사의 가치관이 얼마나 일치하는지를 확인하고 입사 결정이 옳은지를 검증하는 단계이다. “여기가 나에게 맞는 장소인가?”, “여기가 진짜 적합한 곳인가?”, “약속은 무엇을 만들어내는가?” 또는 “황금은 어디에 있는가?” 등의 질문들을 통하여 정보를 찾는 직원들의 마음에 내재화될 것이다. 동시에 관리자로서 이 직원을 회사로 데려오기로 한 결정이 올바르다는 신호를 찾게 될 것이다. 지금까지 여러분들은 여러분이 보기 시작한 결과를 통해 팀에 기여하고 적응하고 적응하는 그 능력을 평가할 시간을 가졌다.

우리 조직에서 상황파악 단계에 있는 직원들은 누구인가? 만약 그들이 존재한다면 기록하고 다음의 단계를 따라 확인해볼 수 있도록 하자.

동인(영향을 미치는 요인들)

이 단계에서는 이미지보다는 구성원과 조직의 연결성에 더 중점을 두고 있다. 직원이 새로운 환경에서 어떻게 적합한지 평가하기 때문이다. 총보상의 의미는 직원이 새로운 직장에 더 익숙해지고 그로 인한 보상에 대한 직접적인 정보를 얻는 과정에 따라 달라진다. 이 단계에서는 초기 정착 프로세스가 종료된 이후에 직원이 업무의 유형과 업무량의 크기를 경험하기 시작하고 업무에 대한 기존 자율성 수준에 대한 결론에 이를 수 있다. 직원은 업무를 수행하고 완성하면서 일에서의 의미를 찾고 능력과 성취감(즉, 내재적 동기)을 느끼게 된다. 특히 직원은 성과관리 측면에서 조직 리더들의 의사소통과 행동을 통해 업무 배치의 유연성, 일과 삶의 균형에 수반되는 문제 및 스트레스 정도에 대한 통찰력을 얻게 된다. 동료들의 존경과 그들의 자질은 구성원들과 더 밀접하게 상호작용하고, 일터에 대한 정보와 성공을 위해 준수해야 하는 불문율을 계속해서 찾는 것의 중요성이 더 커지고 있다. 대부분의 경우 직원은 타인에게 좋은 서비스를 제공하는 데 도움을 주는 환경을 찾는다. 직원이 미래에 자신에게 제공될 수 있는 것에 대한 정보를 얻기 때문에 잠재적인 경력 기회는 상황파악 단계에서 중요한 문제인 것이다.

다음은 직원몰입 수준과 관련하여 상황파악 단계에서 확인할 수 있는 직원 행동의 몇 가지 사례이다. 그리고 우리는 그것들을 전개하고 있는지 확인할 수 있도록 요청한다.

직원 행동

다음은 상황파악 단계에서 관찰할 수 있는 몇 가지 직원의 행동 사례이다.

» 스킬을 입증하기 위해 추가 임무나 도전과제를 찾는다.
» 외적 보상 이상으로 일하는 이유를 찾는다.
» 과업을 완성하기 위해 부여되는 자율성과 유연성을 평가한다.
» 팀과의 관계를 깊이 파악한다.
» 타인을 신뢰할 수 있는 정도를 조정하고 상호작용의 질적 수준을 평가한다.
» 회사 또는 팀의 장점과 기회 영역에 대하여 보다 현실적인 의견을

형성하기 시작했다는 것을 제시한다.

» 회사가 외부 사람들에게 제공하는 것과 회사가 실제로 제공하는 것 사이의 불일치를 확인한다(브랜드 연계성 평가).
» 많은 질문을 한다.
» 다른 팀의 구성원이 사용할 수 있는 업무 유형, 업무지연 규모, 그리고 팀 구성원과의 차별화된 보상 수준을 비교한다.
» 제안 내용을 자신의 업무에 반영시킨다.
» 기여를 할 수 있는 기회와 주의하고 인정할 수 있는 기여 활동 방법을 찾는다.

이제 여러분들 차례이다. 앞서 이야기한 직원 행동들에 대하여 여러분의 일터에서 확인된 행동들을 표시해보자.

관리자 Dos vs. Don'ts

이제 상황파악 단계에서 직원의 경험을 더 잘 알게 되었다. 이 단계에서 직원몰입을 촉진하기 위해 취해야 할 몇 가지 행동들을 제안한다. 이전과 마찬가지로 이러한 주의 사항에는 특별한 순서가 정해져 있지 않다.

해야 할 행동들

- » 직원에게 다양한 상황에 접근하는 방법을 지도하라.
- » 질문에 답하고 직원의 실험적 행동들을 허락하라.
- » 재능을 살려주고 실수를 인정하는 "안전한 업무환경"을 만들어주어라.
- » 소통하고, 소통하고, 또 소통하라.
- » 비판하지 말고 빈정거리지 마라.
- » 복장, 연설, 의사소통 방법, 직업윤리, 문화 등과 관련하여 회사 내에서의 적절한 행동들에 대하여 안내해라.
- » 직원의 성공을 위한 장벽들을 예측하라.
- » 적절한 시기에 유용한 긍정적이고 발전적 피드백을 제공하라.
- » 업무지연, 일과 삶의 균형, 성과관리 등 공정하고 균형 잡힌 성과 이슈를 관리하라.
- » 공정하고 정직해라.

피해야 할 행동들

- » 중요한 이슈나 임무에 대해 직원을 지도할 기회를 놓치는 것
- » 회사와 팀을 위한 직원의 중요성을 최소화시키는 것
- » 팀 안에서 편애하는 성향을 보이는 것
- » 공유할 수 있는 정보에 대하여 비밀을 갖는 것
- » 문제를 예측하는 대신에 문제에 반응하는 것
- » 실수와 잘못만 지적하는 것
- » 긍정적이거나 적절한 행동과 태도를 무시하는 것

» 공식적으로 성과를 확인할 때까지 긍정적, 발전적 피드백을 지연시키는 것

지금까지 이야기한 내용들을 확인하여 여러분들의 행동을 평가해보기 바란다. 그러한 행동을 나타내는지 아닌지 혹은 얼마나 자주 보이는지에 대해 자기를 평가하는 것이 중요하다.

1. 해야 할 행동들과 피해야 할 행동들이 각각 몇 개인가?

____

____

2. 당신이 하지 말아야 할 행동 중에서 해야 할 행동으로 만들고 싶지 않은 세 가지를 찾아보자.

____

____

3. 여러분이 가끔 하는 행동을 확인하고 왜 그렇게 행동하는지 설명하시오.

____

____

다음 장에서는 몰입 "나" 경로의 다음 두 단계인 안정적 단계와 중요 사건 단계에 대하여 알아보겠다.

제4장

안정화와 여정에 영향을 주는 주요 사건들

안정화

개요

마구간이라는 말이 나타내듯이, 직원이 이 단계에 도착했을 때에 그는 이미 회사가 그 당시 자신에게 적합한 장소라고 확신한다는 것이다. 이 단계는 직원몰입을 지속적으로 촉진, 강화 및 향상시킬 수 있는 기회이다. 따라서 관리자로서 여러분들의 역할은 최소한 현재의 직원몰입 수준을 유지하기 위해 노력해야 하기 때문에 추가적인 중요성을 파악하게 될 것이다. 이제 여러분들의 차례이다. 안정적 단계에 진입한 직원들의 이름을 기록해보길 바란다.

동인(영향을 미치는 요인들)

이 단계에서는 머무르기로 결정한 직원이 대부분의 시간을 이 장소에서 보내기 때문에 일터의 전반적인 분위기와 환경이 매우 중요하다. 따라서 직원은 업무환경과 팀, 경영진을 포함한 모든 것에 편안함을 느낄 것이다. 일반적으로 직원들은 자신이 안전하다고 느끼는 업무환경을 선호한다. 많은 직원들에게 사용 가능한 총보상은 회사의 견고함을 나타내기 때문에 이 단계에서 그런 내용들이 많이 표현될 것이다. 어떠한 변화도 현재의 상황에서 환영받지 못하는 변화의 지표가 될 수 있고 그것은 우리의 안정적 수준을 방해할 수도 있다. 다른 면에서 앞으로의 경력과 승진 기회는 회사의 미래를 구상하고 그 미래를 정의하고 전문적 성장이 어떤 모습일지 상상하려고 노력하기 때문에 더 의미가 있을 수 있다는 것이다.

관리와 성과적 측면의 이슈는 이 단계에서 추가적이고 다른 중요성을 얻게 될 것이다. 이미 많은 직원들은 회사 경영진과 그들이 갖고 있는 기대에 대한 확고한 소신을 형성했다는 것이다. 관리자의 의사소통은 특히나 불확실한 상황에서 직원들의 몰입에 긍정적이든 부정적이든 지속적으로 영향을 미칠 것이다. 성과관리 문제도 이 단계에서 관리적 측면에서 직접적으로 관련이 있다. 직원들은 사용자 측면에서의 관리가 궁극적으로 자신의 정책을 결정한다는 것을 이해하고 있기 때문이다.

예를 들면, 경영진은 성과관리 체계와 지표를 수립하여 직원의 성과 결과와 성취도에 대한 평가를 시행한다. 관리자는 목표와 목적을 달성하기 위해 자원 가용성 및 배포에 대한 의사결정을 한다. 또한 스트레스 관리나 워라밸에 관한 기대모델을 관리한다. 왜냐하면 장기적 측면에서 이 단계는 직원들에게 매우 중요하기 때문이다.

직원 행동

다음은 몰입 "나" 경로의 안정화 단계에서 관찰할 수 있는 몇 가지 직원 행동에 대한 내용들이다.

» 여기가 직원들이 머물려고 하는 곳이기 때문에 안전한 곳으로 간주한다.
» "여기서 나는 어떤 미래를 갖게 될 것인가?" 회사 내부의 경력 기회에 대한 정보를 찾고 질문에 대한 답을 찾는다.
» 부정적이고 긍정적인 경험을 배울 수 있는 기회로 바라본다. 예로 "나는 그들을 따라가는 것에 큰 문제를 삼지 않고 그들도 대수롭지 않게 취급한다."
» 소셜 미디어나 기타 사이트에서 회사에 대한 확신을 갖고 높이 평가한다.
» 개인적인 경험을 바탕으로 브랜드 연계에 대한 구체적인 사례를 제공한다.
» 장점과 기회 영역을 포함하여 조직을 있는 그대로 받아들인다.
» 팀워크를 모델링한다.
» 직원은 회사가 어떤 종류의 위협을 받고 있다고 인식한다면 회사 입장에 서서 발언한다. 예로 "저는 누가 뭐라고 하든 상관없이 이곳을 전적으로 지지한다."
» 업무의 일부든 아니든 고객에게 서비스를 제공하기 위해 노력한다.

이제 여러분들의 차례이다. 안정화 단계에 있는 직원들 중에서 앞서 이야기한 행동들과 일치하는 내용이 있으면 체크하고 확인해보기 바란다.

관리자 Dos vs. Don'ts

이 섹션에서는 직원이 안정화 단계에 있을 때 해야 할 행동과 하지 말아야 할 행동에 대한 몇 가지 사례를 제시한다. 이전과 마찬가지로 이러한 주의 사항에는 특별한 순서가 정해져 있지 않다.

해야 할 행동들

» 유용하며 긍정적이고 발전적인 피드백을 적시에 제공하라.

» 직원들에게 질문과 실험적 도전을 허락하라.

» 잘못된 의사소통을 피하라.

» 인재에게 다가가고 실수를 허용하는 안전한 업무환경을 조성하라.

» 역할, 회사 및 경력에 대한 기대 사항에 현실적으로 접근하라.

» 연령, 성별, 교육 수준, 경험 등 팀 내에서 그 다양성을 인정하고 평가하라.

» 비몰입의 위험 또는 몰입의 증거를 확인하라.

» 직원 성공을 위한 장애요인을 예상하고 제거하라.

» 무엇이 중요하고 그 이유는 무엇인지에 대한 직원 메시지의 일관성을 유지하라.

» 업무지연, 일과 삶의 균형, 성과관리 등 공정하고 균형 잡힌 성과 이슈를 관리하라.

» 직원에게 집중하고 직원과의 미팅 중에 방해되는 것을 제거하라.

» 문제를 해결하고 예측하라.

피해야 할 행동들

» 실수와 잘못만 지적하는 것
» 긍정적이거나 적절한 행동과 태도를 무시하는 것
» 성과를 확인할 때까지 긍정적이고 발전적 피드백을 지연시키는 것
» 직원의 개발과 성장에 대한 기회를 제한하는 것
» 불분명한 프로젝트를 부여하는 것
» 공유할 수 있는 정보에 대하여 비밀을 갖는 것
» 비몰입에 대한 직원 이탈의 초기 신호와 행동을 간과하고 그에 대한 처리 방안을 지연하는 것
» 직원이 피할 수 있는 실수를 할 때까지 기다리다가 그 실수에 대하여 문책하는 것
» 직원에게 전화하거나 회신하는 것을 지연하는 것
» 권한을 위임하지 않고 역할을 위임하는 것

이제 여러분들 차례이다. 지금까지 언급한 행동들을 확인하여 여러분들의 상태에 대하여 체크하고 평가해보기 바란다.

1. 하고 있는 행동과 하지 말아야 할 행동들의 개수는 몇 개인가?

2. 당신이 하지 말아야 할 행동 중에서 해야 할 행동으로 만들고 싶지 않은 세 가지를 찾아보시오.

3. 여러분이 가끔 하는 행동을 확인하고 왜 그렇게 하는지 설명하시오.

주요 사건들

개요

주요한 사건은 관리자 또는 회사와 직원과의 관계 변화를 수반하기 때문에 몰입에서 신속하게 이탈하거나 몰입 증가에 가장 큰 위험요인으로 대표된다. 주요한 사건은 직원이 몰입 "나" 경로의 나머지 단계를 통해 수행할 경로를 결정할 수 있는 전환점이다. 주요한 사건의 결과는 의심할 여지 없이 관리자와 회사가 그 사건을 어떻게 처리하느냐에 따라 달라질 수 있지만, 심사숙고한 결정이나 과거 경험과 같은 통제 밖의 다른 요인이 이러한 결과에 영향을 미칠 수 있기 때문에 안심할 수 있다. 그러나 자신의 입장과 상관없이 이러한 결과에 영향을 미칠 수 있으며, 직원이 주요한 사건에 어떻게 반응하는지와 조직 내부 또는 외부에서 직원이 따르는 경로에 차이를 둘 수 있다.

몇 가지 가능한 주요한 사건들은 성과 리뷰, 승진 및 탈락, 급여 인상, 인센티브 보너스, 대인 갈등, 개발 기회, 역할 변화, 우선순위 변경, 구조 변화, 워라밸, 자원 가용성, 보상 분배, 정책 변화, 절차 변경, 회사 합병, 회사 인수, 직원 해고, 사업 환경 변화 및 사업 결과 등이 있다. 개인적 변화, 자연재해 및 경제적 상황과 같은 조직 외적 요소는 중대한 사건의 영향을 악화시키거나 감소시킬 수 있다.

이제 세 명의 직원을 상대로 한 주요한 사건들의 사례를 살펴보겠다. 사라는 전략적 프로젝트(개발 기회)를 이끌도록 선택되었고 이에 매우 흥분하고 있다. 그녀는 자신의 필요에 따라 프로젝트에 집중할 수 있도록 집안일에 대한 책임을 가족이 공유할 것으로 기대하지만, 도움이 되고 있지 않다. 미첼은 긍정적인 관계(구조 변화)가 없는 다른 관리자에게 보고를 하라는 업무 명령을 받았다. 필립은 방금 성과평가를 받았고 자신의 평가와 동료의 평가가 매우 유사하다는 것을 알게 되었다. 필립은 그의 동료의 일이 그의 일만큼 훌륭하다고 생각하지 않기 때문에 화가 났다.

이렇게 구성원들에게 주요한 사건이 발생한 후에는 직원몰입의 세 가지 방향 중 하나로 진행될 수 있다. 즉 변화를 유지하거나, 성장하거나, 아니면 쇠퇴하는 것이다. 우리는 이 각각의 방향에 대하여 논의할 것이다.

직원몰입 수준은 시간이 지남에 따라 자신에게 상대적으로 주요한 사건이고, 자신과 다른 사람들이 사건 중에 어떻게 대우받았는지에 대한 인식과 같이 중대한 사건 차원의 해석에 따라 몰입이 증가 또는 지속적으로 증가할 수 있다. 예를 들어, 주요한 사건은 사무실의 업무 공간을 재할당하는 것과 같이 최소한으로 중요하다고 생각되는 것과 관련이 있을 수 있다. 항상 칸막이 안에서 일해온 직원의 경우는 다른 칸막이 안으로 배정되는 것이 처음으로 사무실에 배정되는 것에 비해 상대적으로 중요하지 않을 수 있다. 새롭게 작은 업무 공간을 할당받은 직원의 몰입 수준은 크게 증가하지 않을 수 있다. 따라서 직원이 작은 업무 공간을 선택하는 것이 허용되거나 다른 가능성 중에서 공간을 장식하는 방법에 대한 약간의 유연성이 주어지지 않는 한 동일하게 유지된다. 그에 반해서 개인 프라이버시 및 그 상태와 같은 일반적으로 개인적 공간과 관련된 혜택 등은 처음에 사무실 내에서 업무를 부여받는 경우에 직원몰입 수준이 크게 증가할 가능성이 매우 높다. 사무실에 창문이 있는지 없는지가 직원의 몰입 수준에 추가적인 영향을 미칠 수도 있다.

논의를 계속하기 전에 팀에서 주요한 사건들을 경험한 세 명의 직원, 사건 전후의 몰입 수준에 대한 인식, 그리고 사건 이후에 몰입 수준이 동일한지, 증가했는지 또는 감소했는지를 확인해야 한다. 주요한 사건에 대한 직원들의 반응에 영향을 미쳤을 수 있는 이전의 경험을 고려해보기 바란다. 이제 여러분들의 차례이다.

1. 여러분들의 일터에서 확인할 수 있는 직원과 직원들의 주요한 사건에 대한 정보를 정리해보기 바란다. 주요한 사건 이후 두 사람의 몰입이 동일하게 유지되었는지, 증가했는지, 감소했는지에 대한 인식과 이전 경험이 몰입 수준에 미칠 수 있는 영향을 기술해보기 바란다.

2. 경험한 주요한 사건에 대하여 설명해보기 바란다.

3. 주요한 사건 전후로 당신의 몰입은 어떠한가?

4. 주요한 사건이 발생한 이후에도 여러분의 몰입은 그대로 유지되었나, 증가했나, 아니면 감소했나?

5. 주요한 사건 이후에 여러분의 몰입이 동일하거나 증가하거나 감소했다고 생각하는 이유는 무엇인가?

____

____

____

계속해서 직원몰입의 동인에 대하여 논의를 진행하여 중대한 사건 발생 시에 특히 중요한 요소가 무엇인지 확인해볼 것이다.

동인(영향을 미치는 요인들)

주요한 사건이 발생하는 동안 직원이 몰입할 수 있는 핵심은 직원이 먼저 물어보기 전에 제기할 질문을 예상하는 것이다. 관리자는 직원의 정보 요구 사항을 예상함으로써 직원이 중요한 사건 이후에 따르는 몰입 경로에서 중추적인 역할을 할 수 있는 우려 사항을 해결할 준비가 되어 있어야 한다. 경영진은 주요한 사건과 그 여파가 발생하는 동안 직원몰입의 중요한 원동력이 된다.

직원은 사고 처리 방식에 따라 조직의 이미지와 브랜드와의 단절을 발견할 수 있기 때문에 조직 이미지와 브랜드 연계성이 중요하다. 예를 들어 보도록 하겠다. YouWillBeHereForever는 직원들의 미래를 생각하는 회사라고 자부한다. 어느 월요일 아침, 모든 직원들이 주간회의에 참석하도록 요청받았는데 그곳에서 그들은 많은 장기근속 직원들이 퇴직 시에 영향을 미치는 퇴직연금 계획의 변경에 대하여 알게 되었다. 구체적으로 연금제도의 혜택은 일정한 날짜 이후에 입사한 직원들에게는 제공되지 않을 것이고 나머지 직원들에게는 특정 날짜 이후에 동결된다는 것이다. 따라서 연금을 계속 받을 수 있는 근로자는 정년까지 계속 근무해야 함에도 불구하고 추가적인 혜택을 누리지 못할 것이다.

경영진은 이 주요 사건에 대한 감정적 반응을 예상하기 위해 변경 이유를 설명하고 어떤 혜택이 효과적으로 유지될 것인지에 대한 추가 정보를 제공하면서 참석 직원들의 질문에 답변했다.

그럼 지금부터 이 회사에서 무슨 일이 일어났는지 분석해보도록 하자.

» 자유롭게 의견 제시가 가능한 회의에 참석하라는 요청을 받는 대신 변경 사항을 알리는 일반 메일을 받았다면 YouWillBeHere-Forever의 직원들이 어떻게 반응했을 것이라고 생각하는가?

» 이메일을 통해 메시지를 받았다면 YouWillBeHereForever가 직원인 자신을 진심으로 아끼고 있다고 느꼈을 것이라고 생각하는가?

» 이메일을 통해 메시지를 받았다면 이 주요 사건 이후에도 몰입 수준이 증가, 감소 또는 안정적으로 유지되었을 것이라고 생각하는가?

YouWillBeHereForever의 직원들의 사례에서 이러한 직원들의 몰입 수준은 그 소식을 듣고 이해하고 수용할 수 있을 때까지 감소했다. 만약 관리자로서 YouWillBeHereForever와 같은 상황을 처리해야 하는 경우에 각 직원이 "나"에게 혜택이 부여되기 때문에 안정적인 단계로 돌아갈 수 있도록 개별적으로 안내해야 한다.

경력 기회와 성장할 수 있는 잠재력은 회사에서 자신의 미래를 나타내기 때문에 주요한 사건이 발생하는 동안 직원들이 관심을 기울이는 두 가지 영역이다. 이것은 다음과 같은 사례에서 확인할 수 있다.

A사는 고객 선호도 변화 및 이직 등의 변화 결과로 3년 만에 세 번째 조직개편을 겪었다. 지난 조직개편에서는 부서 관리자의 직접 보고자였던 테레즈가 이전 동료 관리자에게 보고하는 상황이 발생되었다. 그녀의 이전 직접 보고자는 그녀의 동료가 되었고, 그녀는 이러한 변화까지 누렸던 상위 관리자에 대한 접근성을 잃게 되었다. 이러한 강등의 결과로 테레즈는 A사에서의 경력 기회가 제한된다는 것을 인지했다. 테레즈의 몰입 수준이 이 주요한 사건 이후 증가, 감소, 또는 유지되었다고 생각하는가?

성과관리는 주요한 사건의 대부분이 일터에서의 이러한 상황에 속하기 때문에 주목할 만한 중요성을 갖게 된다. 직원들은 관리자와 다른 리더들이 서로 다른 구성요소를 처리하는 방식에 있어서 불일치에 대한 인식에 특히 민감하게 반응할 것이다. 기본급, 인센티브 및 전반적인 복리후생비를 포함한 총보상과 관련된 주제는 또한 주요한 사건과 그 결과에 대한 직원의 우선순위일 것이다. 우리가 의미하는 바를 설명하기 위해 테레즈의 경험에 대하여 더 알아보도록 하겠다.

테레즈는 이전 동료 감독자에게 보고하는 체계로 되어야 하는 조직 구조 변경에 대하여 통보받았을 때 그녀의 총보상이 변하지 않을 것이라는 것도 통보받았다. 이 정보는 그녀가 이 중요한 사건의 영향과 결과를 내면화하면서 어느 정도 안정감을 주는 계기가 된다.

우리는 직원들 사이에서 발생할 수 있는 몇 가지 행동 사례를 계속 공유하겠다. 이제 직원몰입 수준과 관련하여 중요한 사건 발생 시, 그리고 그 이후의 직원 행동에 초점을 맞춰가는 노력을 해야 한다.

직원 행동

다음은 주요한 사건이 발생하는 동안과 그 후에 관찰할 수 있는 몇 가지 직원 행동들이다.

- 현재와 미래의 직무 전망과 경력 기회에 미치는 영향을 평가한다.
- 다음과 같은 질문에 대한 답을 찾는다. “여기 머물러야 하는가?”, “그들이 나를 여기에 머물게 할 것인가?”, “지금 내가 다르게 할 수 있는 것은 무엇인가?” 그리고 “어디서 할 수 있는가?”, “다른 곳에 나에게 더 나은 것이 있는가?”
- 완료된 과업의 수준과 양은 증가, 감소 또는 동일하게 유지된다.

» 특히 부정적인 경우 자신과 사건에 연관된 다른 사람들의 동기에 대해 질문한다.

» 양적 및 질적 수준의 평가 결과를 기반으로 내·외부 네트워크의 지원을 요청한다.

» 타인의 양적 및 질적 수준에 대한 평가 결과에 따라 타인과의 상호작용에 있어 공공연하게 감정적으로 내성적이 된다.

» 상호작용의 수준과 근본적 사유는 변화된다. 접촉 빈도는 다소 줄거나 늘 수 있다. 일상적 만남에서 다소 피상적일 수 있다. 사교적인 목적이 아닌 도구적인 목적으로 소통하고 피드백에 다소 방어적으로 반응하며 팀에 다소 공격적인 입장이 될 수 있다.

» 만약 직원이 중요한 사건에 부정적으로 인식한다면 소셜 미디어에서 회사와 관리자에 대하 부정적, 직접적 또는 간접적으로 말할 수 있다.

» 일반적으로 중요한 사건에 대한 반응 행동으로 경영진과 함께 휴일 파티와 같이 업무 외적인 만남을 자제할 것이다.

» 주요한 사건에 대해 긍정적이거나 부정적으로 감정적 반응을 보일 것이다.

» 이메일과 같은 서면 방식에 의존하여 사건에 대한 데이터 및 문서를 생성하는 일반적인 소통 방법을 변경한다.

» 말이 많거나 적어질 것이다.

» 심리적 계약을 재협상한다.

이제 여러분들 차례이다. 여러분들이 일터에서 확인되는 중요한 사건을 경험한 직원 중에서 발견한 행동을 확인해보기 바란다.

관리자 Dos vs. Don'ts

다음은 직원이 중요한 사건을 겪고 있을 때 관리자들이 해야 할 행동과 하지 말아야 할 행동의 몇 가지 사례를 정리하여 함께 공유하고 실천하기 위함이다.

해야 할 행동들

» 사건과 그 결과 또는 결과를 수용하라.

» 긍정적인 행동과 기여를 강화하고 부적절한 것을 바로잡아라.

» 역할, 회사 및 경력 관련 기대에 대한 현실 점검을 실행하라.

» 루머와 그 영향을 최소화하기 위해 관련 당사자에게 정보를 제공하라.

» 직원이 안정성 또는 안정적 단계로 돌아가기 위한 장벽을 예상하고 제거하라.

» 직원 질문에 응답하라.

» 그 자리에 있어라.

» 업무지연, 일과 삶의 균형, 성과관리 등 공정하고 균형 잡힌 성과 이슈를 관리하라.

» 직원에게 의미 있는 선택권을 제공하라.

» 직원에게 활용 가능한 조직 자원을 제공하라.

» 단점을 수용하고 감정을 처리하라.

피해야 할 행동들

» 당신이 얻거나 통제할 수 없는 것을 약속하는 것

» 실수와 잘못만 지적하는 것

» "진보적 규율 등"의 경우 승진이나 회사 잔류 가능성 증가와 같은 직원의 회사 내 미래에 대한 잘못된 기대를 주는 것

» 직원 해고의 신호나 행동을 간과하는 것

» 매일 긴급 통화 모드에 있어야 하는 것

» 직원이 신뢰할 수 없기 때문에 직원에게 정보를 제공하지 않는 것

» 직원에 대한 무례와 무시를 보여주는 것

» 직원에게 조직 자원을 보류하는 것

» 가능할 때마다 회사에서 직원의 미래에 대한 일방적인 결정을 내리는 것

» 항상 이전 상황을 참조하는 것

» 비교하는 것

이제 여러분들 차례이다. 여러분들 일터에서 이러한 현상이 나타나는 것을 확인해보기 바란다. 직원들의 중요한 사건에 대하여 관리자의 행동

평가가 그들에게 사고 전환점이 될 수 있다.

1. 하고 있는 행동과 하지 말아야 할 행동들의 개수는 몇 개인가?

2. 당신이 하지 말아야 할 행동 중에서 해야 할 행동으로 만들고 싶지 않은 세 가지를 찾아보시오.

3. 여러분이 가끔 하는 행동을 확인하고 왜 그렇게 하는지 설명하기 바란다.

다음 장에서는 몰입 "나" 경로의 다음 단계인 성장과 쇠퇴에 대하여 살펴보겠다.

제5장
성장과 쇠퇴

성장

개요

이 단계는 일반적으로 중요한 사건의 직접적인 결과로 나타난다. 직원의 몰입 수준은 주요한 사건에 따라 증가할 수 있고 시간에 따라 계속 증가할 수 있다. 직원이 충분한 경력개발, 자리 이동, 역할 변경, 기능 변경, 지식 습득, 승진, 임무 확대, 특별한 프로젝트, 직무 이동, 교육 기회, 그리고 특별한 임무 수행이 이 단계에 속한다. 직원몰입이 성장 단계에서 증가하기 시작하면 직원은 상황파악 단계로 돌아가서 중요한 사건과 해결 과정에서 얻은 교육으로 강화된 회사와의 관계를 재정의한다. 논의를 계속하여 여러분들의 회사와 직원들이 몰입 "나" 경로의 어느 단계에 있는지 계속해서 파악해야 한다. 이제 여러분들 차례이다. 회사 내에서 성장 단계에 있는 직원들의 이름을 나열하는 것이 중요하다.

동인(영향을 미치는 요인들)

주요한 사건이 발생하는 동안 공정성과 투명성에 대한 직원의 인식은 이후의 몰입 수준을 수정하게 된다. 경영진과 성과관리는 직원이 성장 단계에서 주요한 사건 후 따라야 할 경로에서 가장 큰 영향력을 행사하는 직원몰입의 주요 동인이다. 우리는 이제 성장 단계의 맥락에서 이러한 각 동인들에 대해 살펴볼 것이다.

회사 경영진이 정보에 대한 소통을 하고 자원을 제공하며, 구체적인 행동을 보여주는 방식은 직원들이 성장 단계로 이동할 수 있도록 추가적인 이점을 얻게 될 것이다. 직원들은 경영진이 정보를 공개적으로 공유하고 자원(재무계획 또는 상담 서비스 등)을 제공하며, 상호작용(직원 감정 표현에 대한 반응)에서 공감하는 것을 인식할 때 직원들의 몰입은 증가할 것이다.

성과관리 측면에서 직원들이 성과 리뷰, 개발 기회, 업무 할당 등의 측면에서 공정성을 인식함에 따라 몰입도가 증가할 것이다. 가장 중요한 것은 직원몰입은 인간적 측면에서 뚜렷한 반응, 신뢰, 그리고 존중의 결과로써 높아질 것이고 이것이 주요 사건으로 자리매김하게 될 것이다. 다시 말해 직원들은 회사의 이익에 기여하는 데 요구되는 일을 수행하기 위해 노력할 가능성이 더 높아질 것이다.

직원들 사이에서 발견할 수 있는 몇 가지 행동 사례를 계속 공유해보겠다. 이제 직원몰입 수준과 관련된 성장 단계의 직원 행동에 초점을 맞출 것이다. 우리는 이 목록의 마지막에 이러한 태도들을 표현하는 사용자를 구분하도록 다시 요청할 것이다.

직원 행동

» 최소한의 스트레스 징후를 보인다.
» 근무일 또는 한 주를 시작할 때 일반적으로 시간을 준수하는 모습을 보인다.
» 과업 및 프로젝트에 특별한 노력을 기울인다.
» 동료 및 관리자와의 업무 관련 상호작용이 증가한다.
» 업무환경에 대한 안정감과 지속성을 중요시한다.
» 회사 소문에 관여하는 것에는 건설적으로 접근하거나 최소화한다.
» 회사와 팀에 대해 전반적으로 긍정적인 태도를 보인다.
» 회사 및 성장 기회에 대해 긍정적으로 이야기한다.
» 회사 및 팀 로고와 상징물을 자랑스럽게 표시한다.
» 업무와 관련되어 일과 시간 이후의 이벤트에 참여한다.
» 업무의 질이 개선된다.

여러분들은 조직 내 성장 단계에 있는 직원 중에서 그들의 태도에서 나타나는 것을 확인해보기 바란다.

관리자 Dos vs. Don'ts

다음은 직원이 성장 단계에 있을 때 관리자들이 해야 할 행동과 하지 말아야 할 행동의 몇 가지 사례를 정리하였다.

해야 할 행동들

» 확장된 업무를 확인하고 제공하라.

» 직원의 목적을 공유하라.

» 과업을 완료하는 방법에 대한 결정에 직원을 참여시키고 완료하기 위한 전반적인 지침을 제공하라.

» 직원이 업무 관련 결정을 내릴 때 자율성을 부여하라.

» 자원에 쉽게 접근할 수 있도록 하라.

» 팀 내부의 상호작용과 외부의 관계 형성을 장려하라.

» 직원이 회사의 이해관계자와 상호작용할 수 있는 기회를 찾아라.

» 직원이 회사의 대변인 또는 대표자 역할을 할 수 있는 방법을 찾아라.

» 직원의 신호, 몰입 행동과 비몰입 행동에 주의를 집중하라.

» 지시와 조직화된 구조를 제공하라.

» 직원을 안내하라.

» 새로운 책임을 부여하라.

» 직원 성과에 대한 장벽을 예측하고 제거하라.

» 소통을 허락하라.

» 직원에게 사용 가능한 조직 자원을 제공하라.

» 업무지연, 일과 삶의 균형, 성과관리 등 공정하고 균형 잡힌 성과

이슈를 관리하라.

» 회사에서 미래에 대한 결정에 직원을 참여시켜라.

피해야 할 행동들

» 오로지 실수와 잘못만 지적하는 것

» 승진이나 고용 안정과 같은 직원 미래에 대한 잘못된 기대를 만드는 것, "기억하라: 모든 사람이 기회를 얻는 것은 아니다" 하는 식의 말

» 과업이 완료되면 모든 세부 정보를 모니터링하는 것

» 회사와 팀을 위한 직원의 중요성을 최소화하는 것

» 팀에서 편애를 보이는 것

» 직원에 대한 무례함과 무시를 보이는 것

» 직원의 업무 관련 활동 참여를 제한하는 것

» 공유할 수 있는 정보에 대해서 비밀로 하는 것

» 직원을 이익의 도구로 활용하는 것

» 잘못된 정보를 제공하는 것

» 직원에게 정보 및 조직 자원을 제공하지 않는 것

» 낮은 수준의 몰입도를 보여주는 것

» 긍정적이거나 적절한 행동과 태도를 무시하는 것

» 직원을 인정할 기회를 무시하고 성과를 당연시하는 것

여러분들은 조직 내에서 자신의 행동을 확인해보고 어떻게 행동하고 있는지 체크해보기 바란다.

1. 하고 있는 행동과 하지 말아야 할 행동들의 개수는 몇 개인가?

2. 당신이 하지 말아야 할 행동 중에서 해야 할 행동으로 만들고 싶지 않은 세 가지를 찾아보시오.

3. 여러분이 가끔 하는 행동을 확인하고 왜 그렇게 하는지 설명하시오.

쇠퇴

개요

이 단계는 일반적으로 주요한 사건의 직접적인 결과이며, 성장으로 특징지어진 단계의 반대 행동을 나타낸다. 직원의 몰입 수준은 주요한 사건 차원에 대한 해석에 따라 감소할 수 있다(지속적인 감소 포함). 주요한 사건 단계에서 논의된 내용 중 소개한 업무 공간 재할당의 사례는 사무실에서 근무한 후 좁은 칸막이 안에서 근무하도록 지정된 직원은 항상 좁은 공간에서 근무한 직원과 전혀 다른 인식을 가질 수 있기에 환경 변화에 대한 인식이 다를 수 있다는 것이다. 더 이상 사무실에서 근무하지 않겠다고 판단한 직원은 이러한 업무환경의 변화를 사생활, 특권의 상실로 인식할 수 있으며 그러한 직원의 몰입 수준은 감소하기 시작할 것이다. 이제 여러분들의 차례이다. 쇠퇴 단계에 있다고 생각하는 직원들의 이름을 기록해보기 바란다.

동인(영향을 미치는 요인들)

성과관리나 경영활동 등 몰입 향상에 영향을 미치는 주요한 동인이 직원 몰입의 수준에 관여하지만, 그 반대의 방향으로도 움직일 수 있다. 이제 경영활동과 성과관리를 쇠퇴 단계의 맥락에서 살펴보도록 하겠다. 경영진이 정보를 공유하지 않고 직원들에게 자원을 제공하지 않으며(예: 업무와 관련한 인터넷 접속 기능 등), 행동에 일관성이 없다는 것을 인식하면 직원몰입이 감소하게 된다(예: 직원 커피 휴식 시간에 냅킨을 제공하지 않지만 임원들에게는 최고로 지원).

YouWillBeHererForever의 연금제도 변경 사례에서 계획대로 퇴직할 수 없는 직원들의 몰입 수준은 감소하였다. 그들은 자기 인생의 많은 시간을 회사에 바쳤다고 믿었고 특정한 시기에 일정 수준의 수입으로 퇴직할 것을 기대했었다. 그러나 지금은 그러한 것들이 더 이상 제공되지 않을 것이다. 또한 다른 직원들의 몰입 수준은 그들이 미래의 복지에 대한 어떠한 준비도 없이 그들의 삶의 몇 년을 고용주에게 바쳐야 한다는 부정적인 사고 때문에 감소했다. 직원들이 보상 분배, 기회, 성과 리뷰 및 유연한 합의에 있어 공정함과 민감함에 대한 인식을 하지 못할 때에도 몰입은 감소할 것이다. 쇠퇴 단계에서 직원들이 고성과자와 저성과자가 어떻게 관리되고 있는지 바라보는 관점에 달린 것이다. 다시 말해 고성과자에게 할당된 과업이 저성과자들에게는 성공적으로 완수하기 어려운 과제일 경우이다. 고성과자에게 추가적인 업무를 요구하고 저성과자의 과업을 줄임으로써 관리자들은 고성과자에게 과대한 업무를 제공하고 저성과자에게 보상을 주는 형상이 된다. 따라서 고성과자들의 직원몰입 수준은 감소하기 시작할 것이고 총보상과 같은 다른 몰입 동인은 이러한 직원들에게 또 다른 걱정거리가 될 것이다.

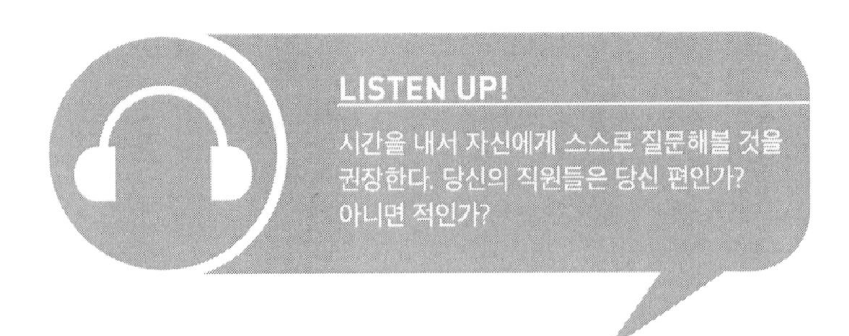

직원몰입 수준과 관련된 쇠퇴 단계에서 발생하는 행동을 중심으로 직원들 사이에서 발견할 수 있는 몇 가지 행동 사례를 다시 공유해보겠다. 해당 리스트가 끝나는 시점에서 직원몰입도를 높이기 위한 계획을 계속 진행하면서 이러한 행동을 보이는 직원이 누구인지 다시 한번 물어보겠다. 다음은 쇠퇴 단계에서 관찰할 수 있는 몇 가지 직원 행동이다.

직원 행동

» 스트레스의 신체적, 정서적 증상을 보이고 사고를 일으키기 쉽다.
» 직장에 가는 것을 두려워한다.
» 주중 또는 주말에 회사에서 추가 시간을 보내는 것을 피한다.
» 과업 및 프로젝트에 최소한의 노력을 투입한다.
» 동료 및 관리자와 사회적 상호작용을 하지 않는다.
» 원격으로 업무해야 하는 합법적인 이유를 찾는다.
» 자신의 위치를 확인하고 다른 사람의 결점을 찾기 위한 정보를 찾는다.
» 소셜 미디어 사이트에서 회사에 대한 부정적 이야기를 한다.
» 회사 로고 및 마크를 공개적으로 무시하고 거부한다.
» 업무 관련 시간 이외의 이벤트에 참여하지 않는다.
» 변화를 거부한다.
» 업무의 질이 현저히 떨어진다.

이제 여러분들의 차례이다. 여러분들 조직에서 쇠퇴 단계에 있는 직원들에게 나타나는 행동을 선택하고 그들의 이름을 기록해보기 바란다.

관리자 Dos vs. Don'ts

다음은 이 단계에서 직원몰입을 촉진하기 위한 몇 가지 제안과 하지 말아야 할 사항에 대한 조언이다.

해야 할 행동들

» 직원의 상황에 대한 우려를 표현하라.

» 긍정적 피드백과 개발적 피드백의 균형을 신중하게 조정하라.

» 적절한 개발 기회를 제공하라.

» 직원에게 과업을 할당하기 전에 직무 내용을 명확하게 정의하고 달성 수준을 전달하라.

» 지침을 이해했는지 확인하라.

» 과업을 완료하기 위해 현실적이고 상호 합의된 일정을 수립하라.

» 직원이 과업을 완료할 수 있도록 적절한 지원을 제공하라.

» 팀 내 상호작용을 지원하고 강화하라.

» 팀의 일상적인 회의와 활동을 유지하라.

» 적용할 수 있다면 팀에 대한 직원의 기여 가치를 강화하라.

» 직원의 신호 및 비몰입 행동에 주의를 기울여라.

» 믿음이 필요한 곳에 신뢰할 수 있도록 믿음을 주라.
» 직원의 성공을 위한 장애물을 예상하고 제거하라.
» 소통하고, 소통하고, 또 소통하라.
» 직원에게 사용 가능한 조직 자원을 제공하라.
» 잘못을 인정하고 즉시 수정하는 것을 보여주어라.
» 업무지연, 일과 삶의 균형, 성과관리 등 공정하고 균형 잡힌 성과 이슈를 관리하라.
» 직원들에게 존엄한 선택권을 제공하라.
» 필요할 때마다 공감을 표현하라.
» 험담을 멀리하라.

피해야 할 행동들

» 마음에 드는 것만 하는 것
» 직원이 회사에서 발전할 수 있는 기회에 대한 비현실적인 기대를 부추기는 것
» 업무 질에 대한 책임을 무시하는 것
» 업무가 진행되는 것을 확인하기 위해 끝까지 지켜보는 것
» 팀원들의 사적인 대화 내용에 대하여 논의하는 것
» 공개적으로 문책하는 것
» 몰입 행동 또는 비몰입 행동과 신호를 무시하는 것
» 공유할 수 있는 정보에 대해 비밀로 하는 것
» 잘못된 정보를 제공하는 것
» 직원을 인정하고 인정할 수 있는 기회를 놓치는 것

» 무례하게 굴거나 거리를 두거나 차갑게 대하는 것

» 결론을 빨리 내리는 것

LISTEN UP!

기대치를 정의하고 직원들이 이해하고 있는지 확인한다. 그리고 그들의 언어로 소통하는 노력이 필요하다.

이제 여러분들의 차례이다. 지금까지 이야기한 쇠퇴 단계에서 해당하는 행동들에 대한 여러분들의 모습을 확인해보기 바란다.

1. 하고 있는 행동과 하지 말아야 할 행동들의 개수는 몇 개인가?

____

____

____

2. 당신이 하지 말아야 할 행동 중에서 해야 할 행동으로 만들고 싶지 않은 세 가지를 찾아보시오.

____

____

____

____

3. 여러분이 가끔 하는 행동을 확인하고 왜 그렇게 하는지 설명하시오.

이제 마지막 두 단계로 몰입 "나" 경로에 대한 논의를 마무리하겠다. 머무르기, 떠나기, 그리고 다시 몰입하기, 몰입되지 않는 상황이 나타나게 된다. 6장의 마지막 부분에서는 PART 2에서 제시한 내용에 대해 모든 단계의 핵심정리와 주요 포인트 목록을 정리하고자 한다.

제6장

유지 또는 이탈 그리고 다시 몰입하거나 멀어지기

머무르거나 떠나기

개요

일터에 계속 근무할 것인지 아니면 떠날 것인지에 대한 직원의 결정은 종종 직원이 일정 기간 동안의 몰입 감소 이후 일터에서의 관계를 재평가할 때 이루어진다. 앞서 설명한 중요한 사건과 마찬가지로 직원이 계속 근무할지, 퇴사할지에 대한 결정은 몰입 "나" 경로의 한 단계가 아니라 직원이 앞으로 나아갈 길을 표시하는 전환점이다. 직원이 회사에 남아 있기로 결정한다면 직원은 우리가 다시 몰입 또는 몰입과 멀어지기라고 정의한 몰입 프로세스 단계로 이동할 것이다. 그러나 만약 직원이 육체적 또는 정신적, 그리고 두 가지 모두에서 회사를 떠나기로 결정한다면 몰입 프로세스는 이 전환점 이후에 종료될 것이다.

따라서 이 섹션의 뒷부분에서 제시하는 직원 행동 중 일부를 알아차리기 시작하더라도 직원이 남아 있을지, 떠날지에 대한 결정과 그들의 관계에 대한 여러분의 해석은 추측에 불과할 것이다. 왜냐하면 그들의 행동은 일터와는 다소 무관한 것들과 관련이 있을 수 있기 때문이다. 우리는 그러한 단서들에 특히 신경을 쓰고 소문이나 의견이 아닌 사실에 근거해서만 행동할 것을 권장한다. 그리고 어떻게 진행해야 할지 궁금한 점이 있으면 회사의 인사담당자들에게 연락할 것을 권장한다.

논의를 계속하기 전에 여러분 회사의 직원 중에서 이 몰입 "나" 경로의 전환점에 있는 사람이 있는지 계속해서 확인하기 바란다.

이제 여러분들 차례이다. 머물거나 떠나는 전환점에 있는 사람이 누구인가? 여러분 회사에 이러한 몰입의 전환점 상태에 있는 직원들의 이름을 나열해보기 바란다.

동인(영향을 미치는 요인들)

직원이 일터에 남아 있을 것인지 아니면 떠날 것인지와 같은 중요한 결정을 내릴 때에는 관계, 신뢰, 총보상과 같은 요소들이 직원의 결정에 영향을 미친다. 이러한 결정의 맥락에서 영향을 미치는 요인들에 대하여 자세히 살펴보아야 한다.

기본급, 인센티브, 전반적인 복리후생 등은 현재와 미래의 가용성 및 총보상 분배로 직원들이 이해하고 있는 것들이다. 그래서 이러한 것들은 머물 것인지 또는 떠날지를 결정하도록 설득하는 요인이다. 이러한 보상이 직원과의 개인적인 상황에서 상대적으로 중요하기 때문에 다른 곳에서 유사하거나 더 큰 보상을 받을 가능성이 감소할 경우에 해당 직원은 현재의 일터에 머물겠다는 결정을 할 수 있다. 다음의 사례에서 우리는 이러한 상황을 확인할 수 있다.

힐데의 고용주는 최소한의 비용 지출로 그녀의 건강보험료를 제공한다. 비록 힐데의 몰입 수준은 그녀가 가치 있다고 느끼지 않는 다른 조직에 배치된 이후 상당히 감소했다. 힐데는 적어도 비슷한 건강보험을 제공할 고용주와의 기회를 찾을 때까지 현재의 일터에 머물 가능성이 매우 높다.

이와 반대로 몰입도가 감소한 힐데의 동료인 낸시는 의료기관을 거의 방문하지 않는다. 결과적으로 낸시는 힐데만큼 고용주의 포괄적인 건강보험료 계획에 의존할 필요가 없다. 따라서 낸시는 직장을 떠날 가능성이 매우 높다.

이러한 총보상액 또는 직원의 개인 상황이 변경되면 직원은 머물겠다는 자신의 결정을 재고하게 될 수 있다는 것이다. 예를 들어, 힐데가 갑자기 그녀의 배우자가 비슷한 혜택을 제공하는 건강보험에 그녀를 포함시킬 수 있다는 것을 알게 된다면 그녀는 현재의 일터에 머물기로 한 초기 결정을 재고하거나 변경할 수 있다.

이제 여러분과 몰입 "나" 경로의 전환점에 있는 직원들 사이에서 발견할

수 있는 몇 가지 행동 사례를 공유하겠다. 이 목록의 마지막에는 직원몰입을 늘리기 위한 계획을 계속 진행하면서 이러한 행동을 보이는 사람이 누구인지 확인하기 바란다.

직원 행동

다음은 직원이 계속 재직 또는 퇴사를 결정하는 동안 관찰할 수 있는 몇 가지 직원 행동이다.

- » 추가적인 기회나 책임을 찾고자 노력하지 않는다.
- » 프로젝트나 활동에 참여하지 않는 것을 정당화하는 이유를 찾는다.
- » 피드백에 방어적으로 반응한다.
- » 높은 수준의 업무성과를 만들어내는 데 관심을 보이지 않는다.
- » 과거에 발견했을 실수를 감지하지 못한다.
- » 동료, 관리자, 그리고 리더와 식사 및 휴식 시간을 함께하지 않는다.
- » 매우 중립적인 주제에 대한 간단한 대화를 유지한다.
- » 언어 또는 비언어적 소통 활동을 통한 장시간 회의에서 불편함을 나타낸다.
- » 오직 업무와 관련된 목적으로만 다른 팀 구성원과 상호작용한다.
- » 반드시 필요한 경우에만 회사 로고와 기호를 표시한다.
- » 특별한 설명 없이 업무 시간 이후의 업무와 관련된 활동에 참여하지 않는다.
- » 직원이 이전에 긍정적인 관계로 발전시킨 리더와 상호작용하는 것을 피한다.

» 회사에 받는 정보에 대해 회의적이다.
» 관리자와 개별 미팅 동안 광범위한 메모를 한다.
» 결과에 동의하지 않더라도 성과 리뷰에 자신의 의견을 제시하지 않는다.

이제 여러분들 차례이다. 현재 재직 또는 퇴사의 전환점에 있는 직원 중에서 여러분들이 확인한 행동을 체크해보기 바란다.

관리자 Dos vs. Don'ts

다음은 직원들이 재직 또는 퇴사 전환기에 있을 때 해야 할 일과 하지 말아야 할 일의 몇 가지 사례이다.

해야 할 행동들

» 단기 프로젝트를 부여하고 책임을 제공하라.
» 직원의 잠재적 기여를 강화하는 프로젝트나 활동에 참여함으로써 얻을 수 있는 이점을 설명하라.
» 방어를 위한 감정적 트리거를 피하기 위해 피드백을 제공하는 동

안 매우 주의하라.

» 직원의 역량과 일치하는 업무를 부여하라.
» 잘난 체하지 말고 업무를 완료하는 데 있어 질적 수준의 중요성을 강조하라.
» 과업 완료에 할당된 시간이 현실적인지 확인하라.
» 모든 구성원이 식사나 휴식을 공유할 수 있는 팀의 활동을 만들어라.
» 직원이 프로젝트에 참여하는 방법을 유연하게 선택할 수 있도록 하라.
» 직원 간의 협업과 지원을 장려하라.
» 습관적으로 회사 로고 및 기호를 계획 표시하라.
» 조직 정체성의 일부로서 업무 시간 외 활동의 중요성을 강조하라.
» 공식 포럼에서 공유된 정보에 대한 공개 토론을 장려하라.
» 참여를 직접 보여주어라.
» 목표, 목적, 그리고 기대치를 명확하게 정의하라.
» 교육 이해와 마감일을 준수시켜라.
» 직원과 개별 미팅에서 논의된 핵심 사항에 대해 메모하라.
» 직원에 대해 받은 긍정적인 피드백을 적절하게 공유하라.
» 예민한 성과 이슈를 다룰 때는 존중과 감수성을 보여주어라.

피해야 할 행동들

» 직원이 과거에 했던 것처럼 프로젝트를 완료할 수 있고 그것을 할 수 있는 준비가 되어 있다고 가정하는 것

» 직원이 추가 업무가 필요한 프로젝트 및 활동에 관심을 갖고 있다고 예측하는 것
» 프로젝트 또는 활동에 대한 토론에서 불편함을 야기할 수 있는 현재의 선택 또는 기타 생활환경을 간과하는 것
» 피드백이 직원에게 미치는 잠재적인 정서적 영향을 무시하는 것
» 직원이 필요한 능력과 역량을 갖추지 못한 업무를 부여하는 것
» 할당된 임무를 설명할 때 직원의 이전 행적을 냉소적으로 이야기하는 것
» 높은 수준의 에너지와 열정을 기대하는 것
» 직원이 불편함을 느끼는 교묘한 장치를 숨긴 팀 활동에 참여하도록 강요하는 것
» 직원의 생산성이 제한될 때 다른 팀원에게 과부하를 주는 것
» 직원의 행동에 대한 의견과 추측을 장려하는 것
» 직원들 사이에 성과에 대한 이중 기준을 적용하는 것
» 직원이 달성하지 못할 목표와 목표를 설정하는 것
» 성과의 부정적인 측면만 이야기하는 것
» 회의 중에 직원의 개인적인 문제를 제기하는 것
» 직원과의 개별적인 미팅이나 다른 사람과의 개별적인 미팅에서 직원의 업무나 행동에 대한 자신의 감정에 대해 말하는 것

이제 여러분들 차례이다. 여러분 스스로의 모습을 확인하여 조직 내에서 재직 또는 퇴사 전환점의 기로에 있는 직원들에게 나타나고 있는 행동을 체크해보기 바란다.

1. 하고 있는 행동과 하지 말아야 할 행동들의 개수는 몇 개인가?

2. 당신이 하지 말아야 할 행동 중에서 해야 할 행동으로 만들고 싶지 않은 세 가지를 찾아보시오.

3. 여러분이 가끔 하는 행동을 확인하고 왜 그렇게 하는지 설명하시오.

다시 몰입하기 혹은 몰입과 멀어지기

개요

일터에 머물기로 결정한 직원의 회사, 경영진, 그리고 팀과의 관계는 퇴사를 고려하기 이전과 다를 것이다. 일반적으로 회사에 남아 있기로 결정한 직원은 다른 곳에서 일할 수 있는 옵션을 고려해본 적이 없는 직원보다 일터에 대한 이상적인 인식이 낮다. 결과적으로 이런 직원의 몰입 수준은 다른 직원들보다 높지 않을 가능성이 높다. 이러한 직원은 회사에 남아 있기로 결정한 이후에도 여전히 몰입 "나" 경로에 영향을 미치는 또 다른 결정을 내리게 된다. 회사에 다시 몰입할 것인지 아니면 몰입하지 않을 것인지에 대한 결정은 이러한 직원이 회사에 남아 있거나 떠나는 결정과 마찬가지로 직원몰입 과정에서 또 다른 전환점이 된다. 여러분들은 직원이 다시 몰입하는 것이 가능한지 스스로에게 물어봐야 할 것이다.

다시 몰입하는 과정에서 직원은 관계를 재정립하고 회사와 정서적으로 다시 연결되어야 한다. 그러나 이러한 직원은 추가적으로 감정적 부담을 갖게 될 것이다. 왜냐하면 우리가 지금까지 논의한 몰입 "나" 경로에 따르면 직원은 주요한 사건의 영향, 몰입 감소의 영향, 그리고 경력과 개인적 결정의 결과를 받기 때문이다.

몰입되어 있지 않는 직원은 주요한 사건의 부정적인 영향을 극복하지 못한다. 결과적으로 그러한 직원의 몰입 수준은 계속해서 감소하고 있으며 아마도 그의 관리자로서 당신이 통제할 수 없는 개인적인 욕구와 책무가 회사에 남아 있기로 결정한 것 같기 때문이다. 그러나 이러한 직원은 여전히 팀의 일부이기 때문에 이 단계에서 해당 직원이 이러한 시기에 회사에 다시 몰입될 수 있도록 지원해야 한다. 아직 당신은 이러한 시기에 감정적 유대감이 약하다는 것을 인지해야 한다.

LISTEN UP!

다시 몰입하는 것이 가능하다면 당신의 직원들이 몰입하는 데 관리자로서 당신의 역할이 매우 중요하다.

회사에 입사하여 몰입 "나" 경로 단계를 거쳐 이동하기 시작하는 직원이 시작 단계를 마친 후 상황파악 단계에 도달하는 것처럼 다시 몰입하거나 몰입하지 않기를 선택한 직원들은 상황파악 단계로 돌아와 자신의 경로를 계속 이어가게 된다. 여러분과 여러분을 대표하는 조직과의 이 직원과의 관계는 몰입 "나" 경로의 이 단계에서 매우 취약하고 깨진 유리처럼 다시는 예전으로 돌아가지 않을 것이다.

LISTEN UP!

직원이 다시 몰입하기를 원하기 때문에 그러한 직원이 다시 몰입할 수 있도록 지원해야 한다. 그것은 양방향으로 진행이 필요하다.

논의를 계속하기 전에 여러분 회사의 직원 중에 몰입 "나" 경로에서 다시 몰입하거나 몰입되어 있지 않는 사람이 있는지 계속 확인하기 바란다. 이제 여러분들 차례이다. 이 전환점에 누가 다시 몰입하고 몰입하지 않기로 선택했는지 여러분들 일터에 있는 구성원들의 이름을 나열해보기 바란다.

동인(영향을 미치는 요인들)

직원들이 몰입하거나 몰입하지 않는 결정을 하는 데 중요한 역할을 하는 몰입 동인은 총보상, 성과관리, 내재적 동기부여, 그리고 여러분이다.

이 단계에서는 외부요인의 중요한 역할을 언급할 것이다. 총보상은 다시 몰입하거나 몰입하지 않는 결정에 여전히 중요한 요인이다. 예를 들면 직원은 자신이 받는 것으로 인식되는 총보상에 비례하여 일터에서 어느 정도의 노력을 하기 시작한다. 이러한 노력의 수준은 더 높아져서 다시 몰입하는 것으로 이어지거나 더 낮아져서 몰입하지 않는 것으로 이어진다.

과업 분배, 직무 자율성, 워라밸, 그리고 성과 검증과 관련된 성과관리 이슈는 현시점에서 직원에게 중요할 수 있다. 직원은 주로 정규 근무 시간 동안 업무를 완료하고 목표를 달성하는 데 집중하여 회사에서 여전히 그 자리를 유지할 가능성을 높일 것이다. 직원이 성과관리에 있어 합리적인 공정성 수준을 인식하고 전체적으로 이러한 문제 중 적어도 일부가 처리되는 방식에 만족한다면 직원은 다시 몰입하기 시작할 수 있다. 그렇지 않으면 그 일터를 떠날 것이다.

이러한 선택을 하는 직원은 자신의 일에서 의미를 찾기 위해 내면을 들여다볼 수 있다. 직원은 일터나 관리자로서 당신과 감정적으로 다시 몰입하기 위한 이유를 찾으려고 노력한다. 만약 직원이 자신의 업무에서 새로운 의미를 발견할 수 없거나 일터나 관리자인 당신과 정서적으로 다시 연결될 수 없다면 그 직원은 다시 몰입하거나 몰입하지 않는 것에 전적으로 이 책의 다른 부분에서 언급된 것과 같은 외부요인의 영향을 받을 것이다. 이러한 정서적 연결은 직원들이 오늘날의 비즈니스 세계에서 성공하기 위해 필요한 추가적인 노력을 기울이도록 하는 동기를 부여할 것이다.

직원 행동

다음은 직원이 다시 몰입하거나 몰입하지 않는 전환점에 있을 때 관찰할 수 있는 몇 가지 직원 행동이다.

» 회사에서 직원은 가시성을 높이거나 떨어뜨리는 프로젝트에 참여할 기회를 찾는다.

» 잠재적인 성장 기회에 대해 두고 보는 태도를 취하며 다시 몰입하려는 직원의 경우는 경력개발로 이어질 수 있는 기회를 활용하기로 결정하고 몰입하지 않기로 결정한 직원은 이 기회를 넘겨준다.

» 예상을 초과하거나 그 이하로 할당된 과업을 완료한다.

» 일의 양과 질이 개선되거나 악화된다.

» 다른 사람들이 그에게 어떻게 반응하는지 주의 깊게 관찰하고 그들의 반응이 긍정적이면 다시 몰입을 위해 나아갈 것이고 부정적이면 몰입하지 않는 방향으로 나간다.

» 팀 상호작용 범위에서 태도와 표현을 스스로 관찰하여 직원이 다시 몰입 혹은 몰입하지 않기 중 어떻게 결정했는지 표시하지 않는다.

» 직원 자신의 가정, 신념, 가치관에 의문을 제기하여 몰입과 몰입하지 않는 것의 여부를 결정한다.

» 다른 사람들, 특히 관리자들과 대화할 때 조심스럽게 접근하여 자신이 몰입 "나" 경로에서 어디에 있는지에 대한 정보가 노출되지 않도록 한다.

» 개발 피드백 또는 기타 비판에 대한 노골적인 감정적 반응을 제어하여 다시 몰입하는지 또는 몰입하지 않는지 여부를 입증하지 않도록 한다.

이제 여러분들 차례이다. 여러분의 일터에서 다시 몰입하거나 몰입하지 않는 직원들의 행동을 찾아 확인해보기 바란다. 직원들이 몰입되지 않는 것처럼 보이는 것에 대하여 생각해보기 바란다.

1. 여러분의 회사와 심리적 헤어짐으로 인해 몰입되지 않는 직원 중 몇몇이 아직도 일터에 있는가?

2. 그 직원들은 생산적인가?

3. 그들은 그들의 부정적인 면으로 나머지 사람들을 중독시키고 있는가?

4. 팀에 미치는 영향을 줄이기 위해 무엇을 할 수 있는가? 세 가지 행동을 나열해보기 바란다.

관리자 Dos vs. Don'ts

다음은 직원들이 다시 몰입 또는 몰입하지 않는 전환기에 있을 때 해야 할 일과 하지 말아야 할 일의 몇 가지 사례이다.

해야 할 행동들

- 유용하며 긍정적이고 발전적인 피드백을 적시에 제공하라.
- 직원의 질문과 실험정신을 장려하라.
- 역량을 늘리고 실수를 허용하는 안전한 업무환경을 조성하라.
- 다시 몰입하려는 신호와 행동에 주의를 기울여라.
- 직원이 동료들과 다시 연결될 수 있도록 격려하라.
- 적절하고 사용 가능한 정보를 제공하라.
- 다른 관리자 및 구성원들과 상호작용을 촉진하라.
- 직원이 모든 유형의 회사 행사에 참여하도록 허락하라.
- 직원의 성공을 위한 장애물을 예상하고 제거하라.
- 자신, 직원, 팀 및 회사 내 다른 사람들에 대한 역할, 책임 기대치를 구체화하고 명확히 하라.
- 결과에 대한 적절한 보상과 행동을 강화하라.
- 직원의 사생활에 대한 필요성을 존중하라.
- 가능하다면 직원의 부정적 경험을 인정하고 존중하면서 직원이 진보할 수 있도록 격려하라.
- 정직하고 신중하라.
- 이해상충적 상황을 방지하라.
- 직원을 시험하지 마라.

피해야 할 행동들

- » 직원의 부정적인 경험과 그들에게 미칠 수 있는 영향을 무시하는 것
- » 팀에서 편애를 보이는 것
- » 다시 몰입하려는 신호 및 태도를 간과하는 것
- » 직원이 어떻게 기여할 것인지 연계하지 않고 사업 목표에 대해 매우 일반적인 내용만 제공하는 것
- » 조직 이미지, 가치 및 원칙과 일치하지 않는 행동을 보여주는 것
- » 직원이 회사에 다시 통합되기 위해 무엇을 해야 하는지 알게 될 것이라고 가정하는 것
- » 업무에 대한 직원의 기대를 정의되지 않은 상태로 방치하는 것
- » 직원에게 긍정적이고 발전적인 피드백을 주기를 연기하는 것
- » 잘한 일에 대한 인정을 지연하는 것
- » 사전에 적절한 정보를 가지고 있지 않아 발생한 문화적 실수를 지적하는 것
- » 충분한 정보가 없고 신속하게 질문에 대답하는 것을 미루는 것
- » 공공장소에서 직원을 비판하는 것
- » 일관성 없는 메시지를 제공하는 것(예로 실험적 과업을 장려하지만 실수를 처벌하는 것)
- » 옛날 이야기로 돌아가는 것
- » 과제를 너무 많이 부여하는 것

이제 여러분들 차례이다. 여러분들이 조직 내에서 보이고 있는 행동과 태도들을 확인하여 해당 사항에 체크해보기 바란다.

1. 하고 있는 행동과 하지 말아야 할 행동들의 개수는 몇 개인가?

2. 당신이 하지 말아야 할 행동 중에서 해야 할 행동으로 만들고 싶지 않은 세 가지를 찾아보시오.

3. 여러분이 가끔 하는 행동을 확인하고 왜 그렇게 하는지 설명하시오.

핵심정리

- 몰입은 과정(프로세스)이다.
- 직원의 경력과 개인적인 상황에 따라 직원몰입 수준은 조정된다.
- 모델을 다시 확인하라. : 몰입 "나" 경로
- 프로세스를 숙지하라. 시작, 상황파악, 주요한 사건, 성장, 쇠퇴, 머물기 또는 떠나기, 다시 몰입 또는 몰입하지 않기
- 조직 브랜딩과 이미지는 직원을 위한 조직도를 그리는 것이다.
- 총보상에 대한 약속을 존중해야 한다.
- 내재적 동기부여를 고려해야 한다.
- 직원들도 당신을 시험하고 있다.
- 해야 할 행동과 하지 말아야 할 행동을 확인해야 한다.
- 중대한 사건이 전환점이 되고 있다.
- 질문을 예상해야 한다.
- 공정성과 투명성에 대한 인식은 몰입 수준을 변화시킬 것이다.
- 다시 몰입하는 것은 속일 수 없다.
- 소통은 전체 몰입 "나" 경로에 걸쳐 핵심 구성요소이다.

PART 3

경력과 함께하는 직원몰입

- 경력 "나" 경로

들어가기에 앞서

우리는 이미 몰입 "나" 경로와 각각의 단계에 대하여 논의했다. 우리의 연구와 업무를 바탕으로 우리는 직원들이 경력의 단계를 거치면서 회사에 몰입하는 다른 단계를 거치는 것으로 결론을 내렸다. PART 3의 7장과 8장에서 직원 경력을 통한 직원몰입에 대한 논의를 해보도록 하겠다. 또한 직원 경력을 통해 직원몰입 과정과 그 단계가 직원몰입 단계와 관련이 있다고 보는 방법을 확인할 것이다. 여러분이 이 장을 읽을 때에 우리는 오늘날의 노동력이 여러 직업과 경험을 가지고 있는 많은 사람들로 구성되어 있다는 것을 사전에 인지하고 있기를 권장한다.

PART 3에서는 직원 경력의 각 단계에서 어떤 일이 발생하는지 자세히 살펴보고 각 단계에서 어떤 것이 더 중요한지를 강조하기 위해 몰입 동인으로 돌아갈 것이다. 또한 직원들이 각 단계에서 보여주는 몇 가지 행동을 확인하게 될 것이다.

각 세션의 마지막 부분에 질문을 통해 공유한 정보에 대해 다시 생각해 볼 수 있도록 안내하겠다. 이러한 질문에 답변함으로써 배운 내용을 특정 상황에 적용할 수 있기를 기대한다.

이제 직원의 경력에 몰입하는 단계에 대한 우리의 견해를 소개한 후 각 단계에 대해 자세히 설명하겠다.

직원 경력에서의 몰입 단계: 경력 "나" 경로

직원이 경력을 시작할 때는 첫 직장이거나, 최근 경력을 변경했기 때문에 경력을 시작하는 단계에 있을 것이다. 그 이후 직원은 자리의 요구 사항을 숙지하고 자신이 하고 있는 일에 편안함을 느끼는 정착화 단계로 이동하고 결과적으로 일반적이고 편안한 위치로 이동한다. 직원들이 자신이 그 직책의 책임을 통달했다고 생각하고 계속 성장하기 위해 다른 일을 해야 한다고 생각하는 시점에 도달했을 때 그들은 더 많은 것을 찾는 단계를 시작할 것이다. 직원이 새로운 역할이나 직책을 수행하고 지속 가능한 수준의 숙련도로 이러한 요구를 충족시키기 시작하면 직원은 재도약 단계에서 그러한 수준의 성과를 유지하는 데 집중하기로 결정하게 될 것이다. 그다음으로 직원은 자신이 진로에서 가능하다고 생각했던 모든 것을 완성했다는 느낌을 갖게 되고 성취 단계(미션 완료)에 도달하게 된다. 이 단계에서는 특정 경력자나 전문가로서 다음에 무엇을 해야 할지 고민하기 시작한다. 일부 직원은 장기간 성취 단계에 머무르는 반면 다른 직원은 빠르게 이동 단계로 이동한다. 또 다른 경력을 시작할 때가 되면 직원은 이동 단계에 들어가고 이제 막 시작하는 시점으로 돌아간다. 이와는 대조적으로 이동 단계 이후에 완전히 퇴사하기로 결정한 직원의 경력은 끝이 날 것이다. 다음의 그림은 경력 "나" 경로의 이러한 단계를 어떻게 바라보는지 도식화한 것이다. 우리는 각 단계에 대하여 설명하고, 7장에서는 이제 막 시작하는 내용에 대한 것을 다루고 이러한 과정에서 정착하여 더 많은 것을 찾게 될 것이다. 8장에서는 재도약, 성취, 그리고 이동으로 그 길을 마무리하는 여정을 설명할 예정이다.

그림 2 경력 "나" 경로

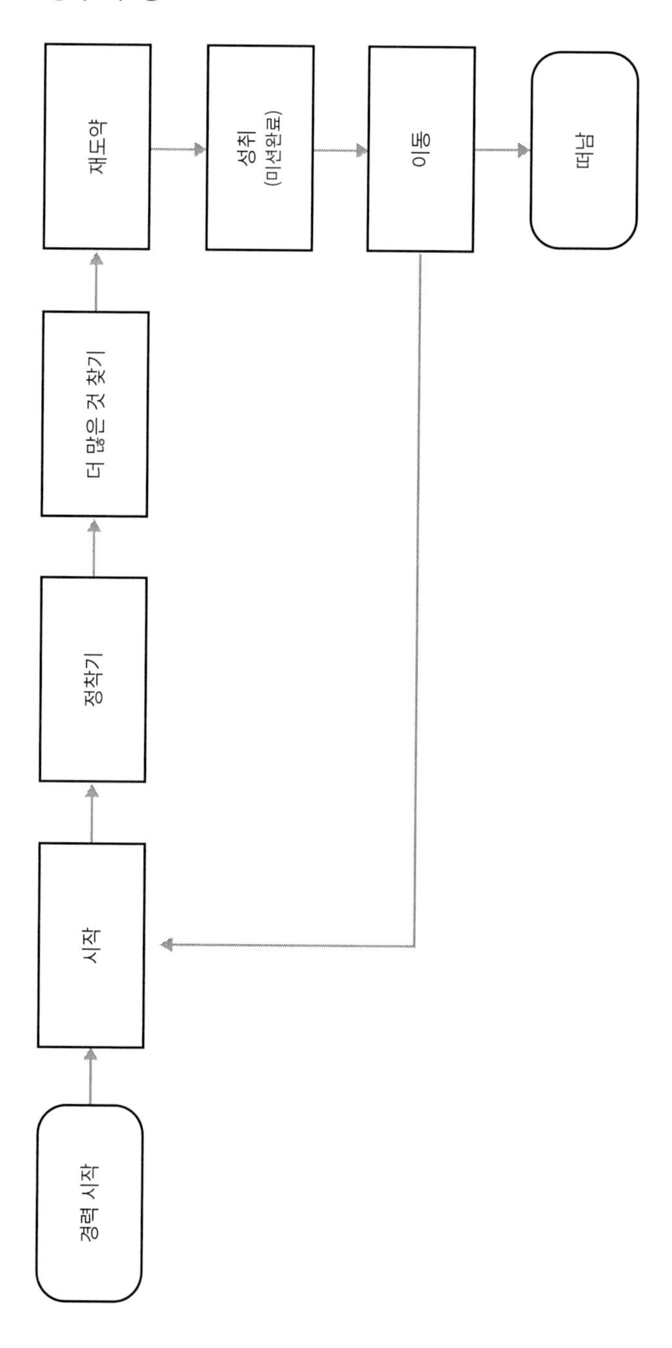

제7장
출발, 정착화, 그리고 탐구

출발(막 시작하기)

개요

이 단계는 선택되거나 검색된 필드의 첫 번째 단계를 나타낸다. 이 단계에서 일어나는 일은 경력의 결과로써 매우 중요하다. 직원들은 분야나 위치가 장기적인 경력이 될 것인지 아니면 자신에게 적합한 경력을 찾는 단계가 될 것인지에 대한 결정을 내리게 된다. 모든 경험은 새로운 것이기 때문에 관리자로서 당신의 역할은 그 경험들이 주목할 만한 것인지 확인하는 것이다.

이 단계에서는 전문가로서의 첫 번째 직책이든 아니면 새로운 경력, 수준, 회사의 첫 번째 직책이든 간에 직원은 아이디어가 풍부하고 경험이 부족한 "새로운 분야의 새로운 아이"로 인식될 수 있다. 결과적으로 새로운 아이디어에 저항하는 다른 사람들은 다음과 같은 많은 이유로 제안을 무시할 수 있다. "우리는 전에 그것을 시도했지만 효과가 없었다", "상급 경영진은 그것을 사지 않을 것이다", 또는 "우리가 어떻게 이 주변에서 일을 하는지 보여주겠다" 등이다. 이와는 대조적으로 새로운 가능성에 열려 있는 사람들은 누군가의 새롭고 신선한 관점을 환영할 수 있다. 그들 중 일부는 심지어 이 직원에게 문호를 개방하고 조언을 해줄 수도 있다. 관리자로서의 역할은 이러한 전환 과정에서 직원을 지원하여 새로운 아이디어와 기여의 가치를 강화하는 것이다.

새로운 분야의 신입으로서 직원은 특정 분야에서 이미 명성이 있는 사람보다 자신의 가치를 더 많이 증명해야 할 필요성을 느낄 수 있다. 이러한 필요성은 자발적이거나, 채용 과정에서 만들어진 기대의 결과일 수 있다. 어느 쪽이든 관리자로서 여러분의 역할은 직원이 학습에 대한 기회를 제한받지 않고 성공을 입증할 수 있도록 하고, 학습 곡선을 따라 올라가는 과정에서 직원을 지원하는 것이다. 또한 현재 상황에서 이러한 기대가 불합리하거나 달성할 수 없다고 생각하는 경우 이러한 기대를 수정할 수 있으며 이는 직원의 성공을 뒷받침하는 것으로 나타난다. 동시에 신입사원에 대한 긍정적인 반응이나 부정적인 반응과 관련된 팀원들의 우려를 해결해야 할 수도 있다.

직원은 경험 부족의 이유로 자신과 조직에 대해 다른 견해를 가지고 있을 것이다. 예를 들어 직원이 추가적인 시간, 정보, 훈련 및 자원이 필요하거나 자신의 진정한 잠재력을 보여주지 못하여 최적의 결과보다 낮은 결과를 얻을 수 있다. 또한 직원은 회사를 비교할 수 있는 유효한 기준이 없기 때문에 공공 이미지나 특정 사건에만 근거하여 회사에 대해 이상화 또는 정형화하거나, 긍정적 또는 부정적인 견해를 가질 수 있다. 이제 마지막 단계에 대한 논의를 계속하기 전에 우리는 당신의 직원들이 그들의 경력의 어느 단계에 있는지 확인하기를 바란다.

여러분들 조직에 이제 막 시작 단계에 있는 사람들은 누구인지 생각해보고 기록해보자.

동인(영향을 미치는 요인들)

막 시작하는 단계에 있는 직원은 자신의 일에서 강한 만족감을 얻는다. 이런 직원은 미래에 대해 흥분하고 부분적으로 경력 이미지를 바탕으로 자신의 선택이 무엇을 이끌었는지 결정하기를 열망한다. 자신의 현재 역할을 단순한 작업으로 보는 직원은 같은 역할을 경력의 한 단계로 정의하는 직원보다 높은 몰입도를 보일 가능성이 낮다. 반대로 현재의 역할을 경력의 한 단계 또는 특정 조직의 경계를 초월하는 다른 무언가의 일부로 보는 직원은 아마도 더 적극적일 것이다.

이 책의 다른 부분에서 정의된 내재적 동기부여는 직원이 주어진 과제에 에너지를 집중할 수 있는 내적인 힘을 찾음에 따라 이 단계에서 몰입의 강력한 원동력이 된다는 것이다. 관리자로서 여러분들의 회사는 총보상과 성과관리의 균형을 통해 내재된 동기를 활용함으로써 이 직원의 경험에 긍정적인 영향을 미칠 수 있는 귀중한 기회를 갖게 될 수 있다.

조직 일원화에 대한 직원의 제안 수락은 구성에 따라 크게 영향을 받을 수 있기 때문에 총보상은 막 시작하는 단계에서 중요한 구성요소가 된다. 기본급, 인센티브, 그리고 전반적인 혜택과 조직 이미지 및 인지된 평판의 조합은 종종 회사의 잠재적인 개발 기회와 함께 제안을 수락하는 결정적인 요소로 작동되기도 한다. 가까운 미래에 대해 생각하지 않더라도 직원들은 성장할 수 있는 가능성을 평가하려고 노력할 것이다. 관리자로서 여러분은 이러한 필요성을 인식하고 이러한 보상(특히 성장 및 개발과 관련된 보상)이 직원들에게 제공되거나 잠재적으로 제공되는지 확인하면서 지속적으로 직원들의 우려 사항이나 비현실적인 기대 사항을 해소하기 위해 노력해야 한다.

직원 행동

다음은 직원이 막 시작 단계에 있을 때 관찰할 수 있는 몇 가지의 직원 행동이다.

» 조직에 대해 긍정적으로 말하고 조직에 소속된 것에 대해 자부심을 보여야 할 필요성을 표현한다.

» 조직 내부뿐만 아니라 외부에서도 성장하고 배울 수 있는 기회를 열심히 찾는다.

» 다른 구성요소 중에서 모양, 어휘 및 활동 측면에서 선택한 필드의 모델을 기반으로 이미지를 만든다.

» 실제보다 현장에서 더 많은 경험을 전달하려고 노력할 수 있다.

» 이미지, 성과, 프로젝트 및 수입 측면에서 동료들과 자신을 비교한다.

» 다양한 업무 습관과 루틴을 실험한다.

- 친구를 만들고 멘토를 만나는 네트워크를 구축한다.
- 일반적으로 기대에 대한 정보를 찾는다.

이제 이러한 행동을 보이는 구성원을 여러분들의 조직에서 찾아 이름을 나열해보기 바란다.

관리자 Dos vs. Don'ts

다음은 직원들이 막 시작하는 단계에 있을 때 해야 할 일과 하지 말아야 할 일의 몇 가지 사례이다.

해야 할 행동들

- 그들의 생각을 말할 수 있도록 허락하라.
- 직원이 무엇을 할 수 있는지 살펴보고 능력을 확장할 기회를 제공하라.
- 실험적 태도를 허용하라.
- 관리자로서 당신과 직원 사이의 관계를 촉진하라.
- 성과관리의 모든 측면과 목표를 설명하라.
- 보상하고 힘을 북돋아주어라.
- 업무를 수행할 자원을 제공하라.
- 회사의 방식을 보여주어라.
- 조직과 직책에 적합한 행동을 보여주어라.

피해야 할 행동들

- 불완전한 정보를 제공하는 것
- X나 Y를 하기에는 너무 빠르므로 조직에 대한 직원몰입을 제한하는 것
- 참여를 방해하는 것
- 직원의 세세한 부분까지 관리하는 것
- 실수에 대하여 처벌하는 것
- 자격이 있는 직원에게 기회를 주지 않는 것(불필요하게 인재를 보유하여 활용하지 못하거나 죽이는 행동)
- 직원이 필요로 하는 것을 찾기 위해 그들 자신의 수단에 맡겨두는 것
- 직원을 차별하는 것(직책, 경력, 전문성, 그리고 많은 학습 등)
- 직원이 규정을 알고 있다고 가정하는 것

이제 여러분들의 조직 내에서 여러분이 행동하는 모습을 확인하여 체크해보기 바란다.

1. 하고 있는 행동과 하지 말아야 할 행동들의 개수는 몇 개인가?

2. 당신이 하지 말아야 할 행동 중에서 해야 할 행동으로 만들고 싶지 않은 세 가지를 찾아보시오.

3. 여러분이 가끔 하는 행동을 확인하고 왜 그렇게 하는지 설명하시오.

정착(안정화)

개요

견고함과 안정성은 이 단계의 가장 중요한 설명 내용이다. 직원은 현장에서 경험과 경력을 쌓아 더욱 자신감을 갖게 된다. 직원이 집중하는 것은 전문적인 틈새시장을 정의함에 따라 회사뿐만 아니라 외부에서도 명성을 얻고 유지하는 것으로 변경된다. 그 결과, 직원이 선택한 분야에서 최신 정보를 유지하고 전문가 또는 성장하는 사람으로 알려질 수 있는 지식을 지속적으로 보여주기 위해 가능한 모든 노력을 기울인다. 정착 단계에 대한 논의를 계속하기 전에 직원들이 경력의 어느 단계에 있는지 확인하면 좋겠다. 여러분들의 회사에서 정착 단계에 있는 사람에 대하여 확인해보자.

동인(영향을 미치는 요인들)

정착하기 단계에서 직원은 이미 현재 위치가 무엇인지 정의했으며, 일반적으로 그 정의를 현실로 받아들인다. 따라서 예기치 않은 사건이 발생하지 않는 한 직원몰입의 동인으로서 자율성에 대해 직원이 가지는 시각의 중요성은 감소한다. 발생 가능한 이벤트의 성격과 처리 방법은 해당 관점에 영향을 미칠 수 있으며, 이는 중대한 사건이 몰입 "나" 경로를 통해 직원의 경로를 변경하는 경우와 유사할 수 있다.

이 단계에서 직원은 입사 전에 제공된 혜택, 이미지 및 환경에 초점을 맞춘다. 이는 혜택이 제공되는지 여부와 혜택이 제공되는 조건을 파악하는 데 더 많은 시간을 할애할 수 있기 때문이다. 직원은 이러한 보상에 대한 정보와 가용성에 가장 주의를 기울이기에 관리자로서 인정, 인센티브, 기회를 제공하는 것이 중요하다.

이 단계에서 소통은 직원몰입의 원동력이 될 것이다. 공식적인 의사소통은 직원이 조직에 대한 공식적인 정보를 받고 이를 현장 경험뿐만 아니라 사무실 소문과 같은 비공식적인 경로를 통해 얻은 것과 비교하는 구조를 갖고 있다.

또한 이 단계에서 성과관리는 직원몰입의 원동력이 된다. 직원이 안정성을 추구함에 따라 관리자인 당신과의 관계도 강화된다. 경력 기회뿐만 아니라 보상, 인정과 같은 성과관리의 다양한 측면을 어떻게 수행하느냐는 직원이 조직 또는 선택된 분야에 대한 경험의 다른 측면과 상관없이 사용자와의 관련성에 영향을 미칠 수 있다.

직원 행동

다음은 직원이 정착 단계에 있을 때 관찰할 수 있는 몇 가지 직원 행동이다.

- 직원의 경력이나 선택한 분야에서 안정성 추구로 네트워킹의 목적이 변화하기 때문에 그 분야에서 전문가로 알려진 사람들과 네트워크를 추구한다.
- 전문가로서 명성을 쌓기 위해 특성화된 조직에 참여한다.
- 조직, 관리자 또는 둘 모두에 몰입된 징후가 나타날 수 있다.
- 정의된 업무 스타일, 습관, 정해진 방식 등을 따른다.
- 자신의 경력이나 분야에 대해 말하는 방식으로 보다 현실적인 견해를 가지고 있음을 보여준다.

여러분들 조직에서 이러한 행동을 보이는 직원들을 확인하고 기록해보기 바란다.

관리자 Dos vs. Don'ts

다음은 직원들이 정착 단계에 있을 때 해야 할 일과 하지 말아야 할 일의 몇 가지 사례이다.

해야 할 행동들

» 적절한 행동 양식을 사용하라.

» 소통하고, 소통하고, 또 소통하라.

» 보상하고 힘을 북돋아주어라.

» 업무를 수행할 자원을 제공하라.

» 성과관리의 모든 측면에서 공정하고 필요에 따라 유연성을 발휘하라.

» 약속을 이행하라.

» 직원이 필요로 하는 것과 미래를 위해 원하는 것이 무엇인지 알아내는 방법으로 직원과 좋은 관계를 유지하라.

» 비록 이것들이 측면적인 움직임일지라도 성장하고 발전할 수 있는 기회를 제공하라.

피해야 할 행동들

» 직원에게 정보를 제공하지 않는 것

» 보상과 지원의 기회를 연기하는 것

» 업무를 수행할 자원을 보류하는 것
» 직원이 편안한 위치에 있고 이동을 원하지 않기 때문에 성과관리에서 직원을 차별하는 것
» 위와 같은 이유에서의 보상과 혜택을 보류하는 것
» 자의적으로 다른 직원들에게 성장과 개발의 기회를 제공하는 것

1. 하고 있는 행동과 하지 말아야 할 행동들의 개수는 몇 개인가?

2. 당신이 하지 말아야 할 행동 중에서 해야 할 행동으로 만들고 싶지 않은 세 가지를 찾아보시오.

3. 여러분이 가끔 하는 행동을 확인하고 왜 그렇게 하는지 설명하시오.

진보된 탐구

개요

이 단계에서 직원은 이미 현장에서 상당한 경험을 쌓았다. 보통 친구들과 가족 구성원으로부터 주의 깊은 생각, 배려 또는 고집을 피운 후에 그가 현재 역할에서 할 수 있는 것을 이미 성취했다는 것을 깨닫기 시작한다. 결과적으로 직원은 프로젝트나 다른 임무를 통해 자신의 현재 역할에서 또는 자신의 경험이 가치가 있을 수 있는 회사의 다른 곳에서 무엇을 할 수 있는지 묻기 시작한다. 이 시점에서 직원은 여전히 조직에 참여하고 있기 때문에 일반적으로 조직을 떠날 의향이 없다는 것이다. 그러므로 관리자로서 당신은 그러한 요구를 어떻게 해결하느냐에 따라 이러한 반응을 보이는 직원의 몰입을 긍정적으로 변화시킬 수 있는 또 다른 특별한 기회를 갖게 되는 것이다. 더 많은 것을 찾는 이번 단계에 대한 논의를 계속하기 전에 직원들의 경력 단계의 위치를 확인하는 것이 중요하다. 여러분들의 조직 내 직원들 중 좀 더 많은 것을 찾기 위해 노력하고 있는 직원들의 이름을 나열해보기 바란다.

동인(영향을 미치는 요인들)

이 단계에 대한 개요에서 제안한 바와 같이 회사 내의 경력 기회는 직원들이 미래에 대한 기대를 불러일으켰기 때문에 직원몰입의 주요 동인이 될 것이다. 관리자로서 여러분의 회사는 이러한 기회의 활용성과 임무 확대, 수직·수평 이동 등 직원들의 기대치를 해결해야 한다. 직원과의 경력 기회에 대한 논의를 계획할 때에는 구성원이 그들의 자격에 대한 자체 평가에 동의하지 않을 경우에 오해할 수 있으므로 특별히 주의해야 한다. 왜냐하면 몇몇 오해들은 상처받은 감정으로 이어져 결국 조직이나 당신과의 관계에 있어 소홀해질 수 있기 때문이다.

이 단계에서 인센티브는 몰입을 이끌어낼 수 있다. 왜냐하면 직원에게 특정 성과에 대한 인센티브가 지급된다면 직원이 다른 일을 적극적으로 찾는 대신 회사에서 현재의 역할을 유지하기로 결정할 수 있기 때문이다. 관리자로서 당신은 이 직원이 역할을 마스터한다는 것을 명심해야 한다.

장기적인 성과와 충성도에 대한 대가로 무언가를 받지 못할 경우에도 회사에 남기로 한 결정을 내린 직원에게 업무 준비와 일정 유연성을 제공하는 것을 고려해야 한다.

직원 행동

다음은 직원이 더 많은 것을 찾는 단계에 있을 때 관찰할 수 있는 몇 가지 직원 행동이다.

» 조직 내·외부의 성장 기회에 대해 알아보기 위해 네트워크를 활용

한다.

- 조직 내 기회에 대한 경쟁 우위를 모색하는 동료들과 자신을 비교한다.
- 모든 기회에 대하여 관리자로부터 차별적인 인상을 확보한다.
- 조직에 몰입된 징후를 보여주지만, 반드시 관리자와 관련된 것은 아니다.
- 조직 내·외부에서 시장성 있는 기술을 개발할 수 있는 학습 기회를 찾는다.
- 다른 잠재적인 역할을 위해 자신을 마케팅하기 위해 노력한다.

이제 여러분들 차례이다. 여러분들 조직 내에서 이러한 행동을 보이는 직원을 관찰하고 나열해보기 바란다.

관리자 Dos vs. Don'ts

다음은 직원들이 더 많은 것을 찾는 단계에 있을 때 해야 할 일과 하지 말아야 할 일의 몇 가지 사례이다.

해야 할 행동들

- 과업과 관련된 것들을 제공하라.
- 개발을 위한 프로젝트와 기회를 찾아라.
- 성과관리의 모든 측면에서 공정하라.
- 다양한 방식으로 업무를 수행할 수 있도록 유연성과 옵션을 제공하라.

» 직원과 균형 잡힌 관계를 유지하라.
» 미래에 대한 정보를 적절한 수준으로 전달하여 희망을 유지하고 다음에 일어날 일에 집중하라.
» 긍정적인 피드백을 제공하라.

피해야 할 행동들

» 직원이 떠날 준비를 한다는 가정하에 개발에 대한 프로젝트와 기회를 제공하지 않는 것
» 직원이 떠날 준비를 한다는 가정하에 성과관리 문제에서 직원을 차별하는 것
» 직원 의견의 중요성을 무시하는 것
» 인센티브 및 보상을 보류하는 것
» 직원과 거리를 두거나 의사소통을 위해 온라인 수단에만 의존하는 것
» 미래에 대한 정보를 보류하는 것

이제 여러분들은 조직 내에서 본인의 행동을 분석하고 그렇게 하거나 하지 않는 행동들을 확인해보기 바란다.

1. 하고 있는 행동과 하지 말아야 할 행동들의 개수는 몇 개인가?

____

____

____

2. 당신이 하지 말아야 할 행동 중에서 해야 할 행동으로 만들고 싶지 않은 세 가지를 찾아보시오.

3. 여러분이 가끔 하는 행동을 확인하고 왜 그렇게 하는지 설명하시오.

8장

재도약, 성취, 그리고 성장을 위한 이동

재도약

개요

이 단계는 승진이나 기회를 얻고 선택된 사람들이 오래 머물기로 결정한 후 안정과 일관성을 유지하는 것으로 돌아가는 것을 의미한다. 이 단계에 도달한 직원은 새로운 프로젝트나 임무에서 학습 곡선을 상당히 줄일 수 있는 풍부한 경험을 축적한 것이다. 따라서 이러한 직원들은 빠르게 새로운 역할에 대한 자신감을 얻고 그 역할을 수행할 수 있다. 이 단계에서 직원은 다시 회사 내에서만 아니라 외부에서도 명성을 얻고 유지하는 데 초점을 맞출 것이다. 이러한 직원은 새로운 역할에서 안정성과 일관성 유지를 추구하지만, 이 단계에 도달한 직원은 진부화 방지를 위한 구조화로 현장에서 새롭고 최적화된 상태를 유지하기 위해 노력할 것이다.

관리자로서 여러분은 새로운 역할을 결정하고 안정화와 일관성 유지를 확보하기 위해 직원을 지원할 때 여러분과 회사와의 관계를 유지해야 하는 과제에 직면하게 된다. 재도약 단계에 대한 논의를 계속하기 전에 직원들이 경력의 어느 단계에 있는지 확인해보기 바란다.

동인(영향을 미치는 요인들)

이 단계에 도달한 직원은 이미 현실을 받아들였을 것이다. 이 단계에서 이러한 관점을 변화시키는 예기치 않은 사건이 발생하지 않는 한, 관점은 그대로 유지된다. 이러한 관점이 변경될 가능성이 있는 징후는 현 단계에서 직원몰입의 급격한 변화로 이어질 수 있으므로 경계를 늦추지 말아야 한다. 예를 들어 갑자기 자신의 현재 역할을 경력 대신 직업으로 바라보기로 결정한 직원은 반대로 결정한 직원보다 덜 몰입하게 될 가능성이 높다. 따라서 직원몰입을 촉진하기 위해 직원들과 협력하는 방식을 조정해야 한다.

이 단계에서 전체 보상은 계속해서 몰입의 원동력이 될 것이다. 이는 직원이 자신이 사용할 수 있는 것에 한 번 더 집중하게 될 것이고, 어쩌면 훨씬 더 집중하게 될 것이기 때문이다. 왜냐하면 직원은 회사에서의 남은 임기가 될 수도 있기 때문에 남은 경력 동안 안정성과 일관성 유지를 갈망할 것이다. 그러므로 제공된 것과 실제로 제공된 것 사이의 부정적인 편차는 감정적인 반응과 의견 불일치를 초래할 수 있고 결국에 몰입 수준을 낮출 수 있다. 반대로 긍정적인 편차는 결국 더 높은 몰입 수준으로 이어질 수 있는 것이다.

LISTEN UP!

직원의 요구 사항에 맞게 조정하는 것이 중요하다.

성과관리는 이 단계에서 직원몰입의 원동력으로 매우 중요하다. 그러나 이 단계에서는 안정성에 중점을 두기 때문에 관리자로서 지금까지 설명한 동인의 다양한 측면을 직원이 어떻게 인식할 수 있는지 더욱 깊이 고민해야 한다. 지금까지 경력을 지속적으로 발전시킨 직원들에게 특히 민감한 문제이기 때문에 인정하는 것을 어떻게 할당할 것인지에 주의를 기울이는 것이 좋다. 또한 우리는 겉으로 표현되는 작은 몸짓의 중요성을 강조한다. 이러한 작은 행동은 유연성과 인정의 의미를 갖고 있기에 간단한 "감사"라는 표현의 중요성을 간과해서는 안 된다. 이러한 것이 직원에게 확실히 올바른 행동을 유발할 수 있게 한다. 다시 말하지만 의사소통의 출처, 성격 및 빈도는 직원들이 더 낮은 수준 또는 더 높은 수준의 몰입으로 향하도록 유도할 수 있다. 특히 일터의 변동이 이전 단계보다 덜 환영받는 단계에 있는 직원의 경우에는 더욱 그렇게 나타난다.

LISTEN UP!

직원들은 실패하기를 원하지 않는다.

직원 행동

다음은 직원이 재도약 단계에 있을 때 관찰할 수 있는 몇 가지 직원 행동이다.

- 몰입 수준이 다를 수 있음에도 불구하고 조직에 몰입되어 있는 징후를 보여준다.
- 회사 안에서 관리자가 직원보다 더 많은 직무 이동의 기회를 가지고 있다고 인식하기 때문에 성장할 수 있는 사람으로 보이는 것을 증명해 보이거나 언어로 표현하여 나타낸다.
- 요구 사항을 준수하거나 일을 즐기는 것으로 보인다.
- 정보를 얻고 공유하며 명성을 유지하기 위한 수단으로 다양한 네트워크 활동을 한다.
- 큰 변화가 없이 안정적으로 최적의 성과 수준을 유지한다.
- 추가적인 에너지를 수반하는 추가 도전과제나 임무의 가치를 분석한다.
- 전형적으로 현재의 상태 유지를 위한 결정에 비용과 직무 변경에 대한 효익을 주기적으로 분석한다.
- 더 높은 기대를 표현한다.

이제 여러분들은 지금까지 언급된 행동들을 여러분 조직 내 직원들의 행동에서 확인해보기 바란다.

관리자 Dos vs. Don'ts

다음은 직원들이 재도약 단계에 있을 때 해야 할 일과 하지 말아야 할 일의 몇 가지 사례이다.

해야 할 행동들

» 목표와 기대에 대해 명확히 하라.

» 지속적으로 개발 기회와 프로젝트를 찾아라.

» 미래에 대한 정보를 적절한 수준으로 소통하고 희망을 유지하며 다음에 일어날 일에 집중하라.

» 총보상이 제공된 대로 전달되었다고 가정하라.

» 지금보다는 더 먼 미래를 보고 생각하라.

» 현재와 미래에 대하여 소통하고, 소통하고, 그리고 소통하라.

» 직원과 균형 잡힌 관계를 유지하고 직원이 필요로 하는 것에 대한 정보를 계속 찾아라.

» 직원이 업무 요구 사항을 초과할 수 있도록 허용하라.

» 직원과 자주 만나라.

» 집중력을 유지하라.

» 적절하게 보상을 강화하라.

» 직원을 존중하라.

피해야 할 행동들

» 직원이 영원히 여기 있을 것이라는 전제하에 총보상을 보류하는 것

» 성과관리의 비효율적 활용과 업무조정의 유연성을 제한하는 것(조

직과 하나 되고 좀 더 기여하는 직원들을 지치게 만드는 이유이기 때문)

» 직원에게 정보를 제공하지 않는 것
» 직원이 규칙을 알고 있기 때문에 직원과 대면하지 않고 온라인을 통해서만 소통하는 것
» 직원에게 보상하고 인정할 수 있는 결정이나 기회를 연기하는 것

여러분들의 행동을 확인하여 나의 수준을 체크해보기 바란다.

1. 하고 있는 행동과 하지 말아야 할 행동들의 개수는 몇 개인가?

____

____

2. 당신이 하지 말아야 할 행동 중에서 해야 할 행동으로 만들고 싶지 않은 세 가지를 찾아보시오.

____

____

____

3. 여러분이 가끔 하는 행동을 확인하고 왜 그렇게 하는지 설명하시오.

성취(임무 완료)

개요

이 단계에 도달한 직원은 이미 그들이 일하고 있는 현장에서 자리를 잡은 상태이다. 이 시점에서 직원은 자신이 이미 특정 직장이나 선택된 직업에서 최대의 이익과 성장을 성취한 것을 알게 된다. 일반적으로 이 단계에 도달한 직원은 자신의 현재 진행 상황에 대해 극도로 만족하거나 그렇지 않음을 나타낸다.

그러므로 직원은 미래를 위해 다른 일터로 가는 것, 새로운 경력을 시작하는 것, 아니면 완전히 일터를 떠나는 것의 세 가지 선택에 직면해 있는 것이다.

이러한 직원은 여전히 일터와 정서적인 유대감을 느끼거나 드물게는 관리자와 관계를 맺을 수 있다. 하지만 직원은 다가오는 헤어짐의 정서적 영향을 줄이기 위한 노력으로 이미 회사에서 감정적으로 분리되는 과정을 시작한다.

성취 단계의 동인에 대해 논의하기 전해 직원들이 경력의 어느 단계에 있는지 확인해보기 바란다. 당신의 조직 안에 성취 단계에 있는 직원들은 누구인가?

동인(영향을 미치는 요인들)

성취 단계에서는 직원이 다른 일을 하거나 다른 곳에서 할 것이라는 가정 하에 행동하게 된다. 따라서 직원은 다음 단계를 준비할 때까지 회사에 남아 있는 시간을 통해 미완의 업무를 마무리하고 긍정적인 경험에 집중하게 될 것이다.

직원은 경력의 일부를 보낸 회사의 단점보다 장점을 더 기억할 것이기 때문에 조직의 브랜드와 이미지가 중요할 것이다. 그러나 직원은 경력 또는 재직 기간이 끝날 때 자신이 어떻게 대우를 받는지에 대해 특히 주의를 기울이기 때문에 성과관리는 현 단계에서 직원몰입의 가장 중요한 원동력이 될 것이다. 직원이 자신의 분야에서 한 일에 대해 일종의 인정을 기대하기 때문에 보상과 인정에 관련된 문제가 두드러지게 될 것이다. 마찬가지로 성취 단계에 도달할 수 있는 다른 직원들도 향후 해당 단계에서 자신의 성과를 어떻게 관리할 수 있을지 상상할 수 있다.

이 단계의 기간은 직원마다 다를 수 있지만 성취 단계에 있는 직원은 다른 직원의 몰입 수준에 영향을 미치게 된다. 따라서 관리자는 다른 단계에 있는 직원과 마찬가지로 성취 단계에 있는 직원과 계속 협력해야 한다. 이 직원이 이미 몰입과 멀어져 있는 상태라도 회사를 떠날 때까지 자신의 이미지를 위해 정반대 모습을 보이려 할 수 있다는 점을 명심하기 바란다.

직원 행동

다음은 직원이 성취 단계에 있을 때 관찰할 수 있는 몇 가지 직원 행동이다.

» 선택한 분야에 관한 무관심의 비언어적 표현처럼 조직 및 관리자에 몰입되어 있지 않은 것에 대해 미세하거나 알아차리기 어려운 징후를 보인다.

» 다른 조직에서의 개발 기회와 누가 다른 일을 하기 위해 조직을 떠났는지에 대한 대화에 특별한 관심을 기울인다.

» 잠재적 네트워크를 다시 활성화하여 다른 관심사를 추구할 수 있는 기회를 찾는다.

» 가능한 한 과거의 성공과 성과를 기억하는 쪽으로 대화를 전환한다.
» 과업에 대하여 요구하는 노력의 양만큼만 할당한다.

이제 여러분들 차례이다. 조직 내에서 여러분 주위의 직원 중에 이러한 행동을 보이는 직원들을 찾아보는 것이 중요하다.

관리자 Dos vs. Don'ts

다음은 직원들이 성취 단계에 있을 때 해야 할 일과 하지 말아야 할 일의 몇 가지 사례이다.

해야 할 행동들

» 직원을 존중하라.
» 여러분의 감정이 좋든 나쁘든 간에 감정을 관리하라.
» 사적으로나 공적으로 직원의 기여에 가치를 부여하라.
» 적절하게 인정하고 보상하라.
» 가능한 긍정적인 것에 집중하라.
» 직원과 가능한 긍정적인 관계를 유지하라.
» 평소처럼 소통하고, 소통하고, 또 소통하라.
» 기여에 대하여 존경을 표하고 가치를 부여하라.
» 시간을 주고 거기에 머물러라.

피해야 할 행동들

» 복잡한 메시지를 전달하는 것

» 직원이 조직에서 생활이 끝나가고 있다는 가정하에 개발에 대한 기회와 프로젝트 부여를 제한하는 것
» 직원이 떠날 준비를 하고 있거나 집중하지 못한다는 가정에서 성과관리에서 직원을 차별하는 것
» 성과 및 일터에서의 부정적 관점에 집중하는 것
» 듣지 않는 것
» 기여의 가치를 저평가하는 것
» 인센티브 및 보상을 보류하는 것
» 공감이 부족한 것
» 직원이 떠날 것 같으니 그에게 시간을 덜 할애하는 것
» 이 단계에서 직원의 결정을 방해하는 것
» 직원이 다른 곳으로 갈 수도 있고 그 정보를 가져갈 수 있기 때문에 더 적은 정보를 제공하는 것
» 인정, 보상, 보너스를 연기하거나 취소하는 것

이제 여러분들 차례이다. 여러분은 일터에서 이러한 행동을 하는지를 고민해보고 해당되는 내용에 체크하여 자신을 성찰해보기 바란다.

1. 하고 있는 행동과 하지 말아야 할 행동들의 개수는 몇 개인가?

2. 당신이 하지 말아야 할 행동 중에서 해야 할 행동으로 만들고 싶지 않은 세 가지를 찾아보시오.

____

____

____

3. 여러분이 가끔 하는 행동을 확인하고 왜 그렇게 하는지 설명하시오.

____

____

____

이동

개요

이 단계는 직원에게 경력을 통한 몰입의 마지막 단계이다. 이 시점에서 직원은 현재의 경력을 떠나 새로운 경력을 시작하기로 결정했고 다른 곳에서 막 시작하는 단계로 돌아가기로 결정한다. 또는 직원은 일터를 완전히 떠나기로 결정을 내린 것이기도 하다. 이러한 직원은 자신이 달성할 수 있는 최대생산성 수준에 도달했다고 믿고 있으므로 떠날 준비가 되어 있다는 것이다. 또한 회사나 관리자와 몰입하거나 그 관계를 끊을 수 있다.

직원이 회사와의 관계를 끝낼 준비를 할 때, 그들은 가능한 많은 삶의 측면에서 중요한 전환을 준비하는 데 에너지를 집중할 것이다. 대부분의 회사는 아니지만 일부 회사들은 이러한 직원들을 위해 정서적 또는 재정적 상담과 같은 지원 서비스를 제공할 수 있다. 마찬가지로 일부 직원들은 고용주가 후원하는 서비스를 이용할 수 있더라도 활용하지 않는 것을 선택한다. 관리자로서 당신은 회사를 떠나겠다는 의사를 명시적으로 표현한 직원에게 일반적인 작별 행사 계획 이외에도 충분한 시간을 가지고 가치 있는 도움을 제공할 수 있다.

이 단계에서는 팀 차원에서 떠나는 팀원의 부재에 적응해야 하기 때문에 팀에게는 중요한 분기점이 된다. 따라서 여러분들은 회사 및 관리자와의 관계에 있어 지속적으로 몰입을 촉진할 수 있도록 보장하기 위해 이러한 이탈로 인해 남아 있는 팀원의 직원몰입이 변화될 수 있는 징후에 각별히 주의해야 한다.

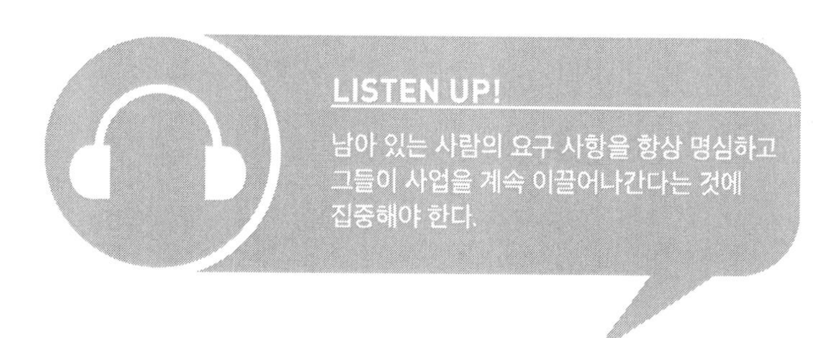

이동 단계에 대한 논의를 계속하기 전에 조직 내에서 직원들이 경력의 어느 단계에 있는지 확인하기 바란다. 이동 단계에 있는 직원들은 누구인가?

동인(영향을 미치는 요인들)

이동 단계에 도달한 직원은 이미 회사를 그만두고 퇴사에 집중할 수도 있지만, 그럼에도 불구하고 관리자로서 고려해야 할 몇 가지 제안이 있다. 이동 단계에 있는 직원, 다른 단계에 있을 수 있는 다른 직원, 그리고 머물러 있는 직원과 동시에 일하게 된다는 점을 기억해야 한다. 당신은 이런 모든 사람들의 요구를 충족시킬 준비가 되어 있어야 할 것이다. 특히, 모든 직원들과 의사소통을 유지하고 성과관리에 관한 모든 세부 사항에 주의를 기울이며 무슨 일이 일어나고 있는지를 알아야 한다. 다른 사람들은 여러분이나 회사가 하는 일에 특히 민감하게 반응할 것이기 때문이다. 이러한 전환 과정에서 소통과 성과관리라는 직원몰입의 두 가지 중요한 동인에 초점을 맞추면 팀이 재편된 후에도 지속적으로 몰입을 촉진할 수 있는 더 나은 위치를 확보할 수 있다. 동시에 가능한 시간 내에 무엇을 할 수 있는지 현실적으로 생각해보기 바란다. 너무 많은 시간의 지연, 관계 정리 시간의 지연, 조직 내에서 관례적인 일을 할 시간이 너무 부족한 것 등에 관련하여 떠나는 직원에게 이러한 것들이 충족될 수 있도록 충분히 공식적 정보를 제공해야 한다. 결과적으로 그들에게 이러한 상황과 정보를 제공함에 있어 신속하고 적절하게 대응해야 한다.

직원 행동

다음은 직원이 이동 단계에 있을 때 관찰할 수 있는 몇 가지 직원 행동이다. 이러한 행동은 직원이 이동 단계로 접어든 구체적인 이유에 근거한다.

» 회사와 관리자와의 몰입에 부정적이며 몰입하지 않는 징후를 보인다.

» 조직과 조직의 이벤트에 가능한 적게, 또는 너무 많이 참여한다.
» 이전보다 훨씬 더 자주 과거에 대해 이야기하고 긍정적인 경험에 집중하려고 노력한다.
» 다른 사람과의 대화에서 과거의 의미를 찾는다.
» 미래에 대해 낙관적이거나 비관적인 기대를 전달한다.
» 해결되지 않은 문제가 있는 직원들과 화해하려고 한다.
» 일터에서 최소한의 개인 소지품을 관리한다.
» 동료들에게 개인 물건을 나누어준다.

이제 여러분들이 조직에서 이러한 행동을 보이는 직원들을 확인해보기 바란다.

관리자 Dos vs. Don'ts

다음은 직원들이 이동 단계에 있을 때 해야 할 일과 하지 말아야 할 일의 몇 가지 사례이다. 직원이 이동하는 이유에 따라 행동의 변화를 만들어야 한다.

해야 할 행동들

» 기여에 가치를 부여하라.
» 조직 또는 직위에서 쉽게 벗어나는 것을 촉진하라.
» 지식이 전달되는지 확인하라.
» 공감하는 모습을 보여라.
» 대인관계 기술을 활용하라.

» 존경하고 존중하라.

» 소통하고 경청하라.

피해야 할 행동들

» 이력에서 직원의 역할을 제외시키는 것

» 지식 전이 또는 전환에 대한 직원의 제안을 무시하는 것

» 기여의 중요성을 최소화하는 것

» 인정하고 보상의 기회를 놓치는 것

» 가십거리로 만드는 것

» 모든 것을 바꾸는 것

여러분들의 조직 내에서 당신의 행동을 관찰하고 그렇게 행하고 있는 것들을 확인해보기 바란다.

1. 하고 있는 행동과 하지 말아야 할 행동들의 개수는 몇 개인가?

2. 당신이 하지 말아야 할 행동 중에서 해야 할 행동으로 만들고 싶지 않은 세 가지를 찾아보시오.

3. 여러분이 가끔 하는 행동을 확인하고 왜 그렇게 하는지 설명하시오.

핵심정리

- 경력 "나" 경로는 나의 경력과 그들의 경력에 있어 서로 영향을 미친다.
- 직원들의 미래 경력 "나" 경로를 존중해야 한다.
- 잘못된 약속이나 공약을 피해야 한다.
- 장점, 이미지, 그리고 환경은 정착의 근본이 된다.
- 당신 팀의 신규 인력에 대한 긍정적인 반응과 부정적인 반응을 설명한다.
- 성장 및 개발과 관련된 보상이 약속대로 제공되도록 보장해야 한다.
- 안정과 안전이 정착의 핵심이다.
- 직원들은 일반적으로 정착하기에 현실을 있는 그대로 받아들인다.
- 잠재적인 오해를 조심해야 한다.
- 재도약에서 직원들은 안정성을 추구하고 진부함을 피한다.
- 극단적인 것은 성취 단계에서 흔히 볼 수 있는 것으로 극단적인 것은 만족 또는 불만족일 수 있다.
- 신속하고 그에 따라 행동할 준비를 해야 한다. 누군가가 이동 단계에 들어와 있다는 것을 알게 되었을 때에는 응답할 시간이 너무 적거나 많을 수 있다.

PART 4

우리 모두가 하나 되는 힘

들어가기에 앞서

우리는 이미 직원의 몰입 경험이 몰입 "나" 경로뿐만 아니라 경력 "나" 경로의 단계에 따라 어떻게 달라지는지에 대해 논의했다. 앞에서 우리는 전형적인 직원 행동들을 설명하고 각 단계 또는 절차에 대해 논의한 후 관리자가 해야 할 행동과 피해야 할 행동을 소개했다. 이 책의 마지막 두 장은 여러분이 직원몰입에 대해 배우고 발견한 것을 되돌아보고 미래에 대한 여러분의 실행 계획을 구조화하는 데 도움이 될 것이다. 9장에서는 직원들의 몰입을 위한 모델로서 역할에 대해 생각하고 기준에 부합하는 삶을 살고 있는지에 대해 생각해볼 수 있도록 안내한다. 결과적으로 몰입은 "나"에 대한 모든 것에 관한 것이다. 그리고 당신의 말과 행동에 일관성이 있을 때에 당신의 노력은 더 높은 보상을 받을 수 있다는 것이다. 그리고 우리는 보다 효과적인 역할 모델이 되기 위해 무엇을 할 수 있는지 제안할 것이다. 이 책의 마지막 장인 10장에서는 관리자로서 직원몰입을 어떻게 촉진할 수 있는지에 대한 새로운 아이디어를 직원과 회사 및 여러분의 이익을 위해 구체적인 행동으로 전환하는 데 활용할 수 있는 프로세스를 안내할 것이다. 모든 것이 더욱 이치에 맞을 것이고 여러분은 불필요한 잡음을 차단한 후 조치를 취할 준비를 할 수 있을 것이다.

9장

일반화에서 개인화

- 모두가 떠들며 함께 실천하기

개요

이 장에서는 직원들의 몰입 역할 모델로서 여러분의 회사에 초점을 맞출 것이다. 물론 모든 사람들은 역할 모델이 되기를 원하지만, 요구 사항은 무엇인가? 여러분이 역할 모델이 되기 위해 무엇을 할 것인지에 대한 결정을 내릴 때에 우리는 여러분의 직원들이 자신보다 더 큰 무언가의 일부가 되는 환경에서 안전함을 느낄 필요가 있다는 것을 고려하기를 권장한다. 에릭슨과 그래튼(2010)은 관리자로서 모델링을 통하여 직원의 "서명경험"이라 불리는 것에 차이를 만들어낼 수 있다고 말한다.

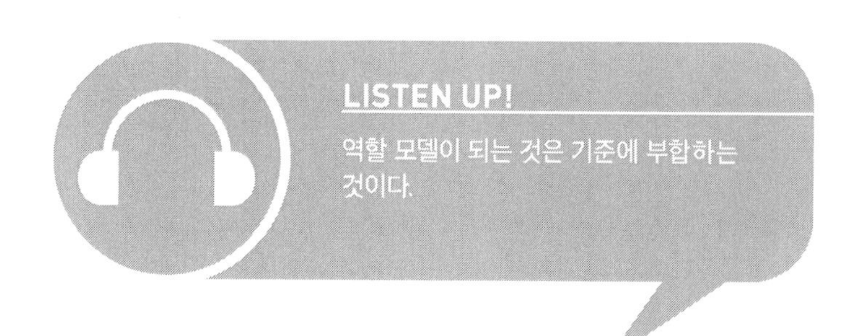

역할 모델로서의 관리자

우리는 경영자로서 당신의 시간과 관심에 대한 여러 가지 요구를 인정하지만, 당신의 가장 중요한 책임은 직원몰입의 모범이 되는 것이다. 당신은 역할 모델로서 다음의 사항을 수행해야 한다.

» 말, 행동, 태도, 그리고 언어의 일관성을 보여주어야 한다.
» 자신에 대한 다른 사람들의 인식을 의식하고 가능한 그러한 모습을 보일 수 있도록 노력한다.
» 규칙 및 규정을 준수한다.
» 정책을 지지한다.
» 여러분이 하는 모든 일은 조직의 비전, 사명, 가치, 전략 및 목표뿐만 아니라 사업 성과를 이끌어내는 회사의 가치 제안과 관련이 있다는 것을 이해해야 한다.
» 자신의 역할이 무엇인지를 알고 있어야 한다.
» 개별적인 직원몰입 경험을 구체화해야 한다.
» 직원의 역할과 책임에 대하여 잘 알고 있어야 한다.
» 경영진의 목소리가 되어야 한다.

역할 모델로서 관리자는 책임감이 대단히 중요하다는 것이다. 당신의 직원들은 당신을 투영하게 된다. 반드시 기억하고 잊지 말아야 한다. 이러한 활동이 좋은 의도로는 충분하지 않다는 것이다.

역할 모델로서 관리자는 직원들 사이에서 직원몰입을 어떻게 촉진할 것인가에 대한 의사결정을 내릴 때에 "한 가지로는 모든 것에 적합하지 않다"라는 점을 유념해주기 바란다. 따라서 여러분은 팀 내의 유사점뿐만 아니라 차이점도 인식하고 의식해야 할 것이다. 역할 모델은 성취하는 것을 증명한다. 당신 역할의 일부로서 공정하고 전문적이라는 것은 당신이 "그러한 사람이다"라는 것을 의미하지 않는다. 이제 역할 모델로서의 자신의 특성을 살펴봐야 할 것이다.

이제 여러분들 차례이다. 다음에서 제시된 관리자 역할 모델의 자체 평가표에는 역할 모델과 일반적으로 관련된 특성 목록이 포함되어 있다. 각 항목별로 해당하는 것과 그렇지 않은 것에 적절하게 표시해보기 바란다.

"그렇다"에 표시하고 그중 해당 특성을 개선해야 한다고 생각되는 경우에는 개선 필요에 표시하고, "아니다"라고 표시한 것 중에 중요한 특성 또는 획득해야 하는 특성이라고 생각되는 것에는 획득 필요에 체크하여 확인하기 바란다.

Worksheet 9-1 역할 모델 자기 평가표

특성	그렇다	개선 필요	아니다	획득 필요
기업시민행동				
강한 사업감각이 있다				
목표지향적이다				
풍부한 지식이 있다				
명성을 떨친다				
성실하다				
주의를 집중한다				
경쟁력이 있다				
끈기가 있다				
경청한다(직원이 말하지 않는 것을 듣는다)				
규율적이다				
구조를 제공할 수 있다				
존중한다				
두려움이 없다				
지원한다				
학습과 개발을 촉진한다				
투자수익률을 측정한다				
사람이 중요하게 여기는 것들을 인식한다				
변경할 수 있거나 의지가 있다				
다양성을 존중한다				

당신은 "그렇다"에 몇 개를 표시하였는가? "그렇다"로 표시한 항목 중 개선이 필요한 항목으로 확인된 것은 몇 개인가? "아니다"라고 표시한 항목은 몇 개인가? "아니다"라고 표시한 특성 중에서 획득이 필요한 특성은 확인하고 관리자 역할 모델 자체 평가 결과에 기록하기 바란다.

Worksheet 9-2 역할 모델 자기 평가 결과

그렇다	개선이 필요함	아니다	획득이 필요함

이제 우리는 역할 모델 특징 중에서 "그렇다"와 "개선이 필요함"으로 확인된 특성을 살펴보도록 하겠다. 확인된 특성 중에서 당신에게 가장 중요하다고 믿는 3개의 특성을 선택하고 실행을 위해서 취해야 할 행동을 기술해보기 바란다.

Worksheet 9-3 Top-3 개선 항목

개선이 필요함	행동

이제 "아니다"와 "획득 필요"라고 확인한 특성을 다시 살펴보도록 하겠다. 습득해야 할 특성 중에서 가장 중요한 3가지 특성과 이를 위해 취해야 할 행동을 기술해보기 바란다.

Worksheet 9-4 Top-3 내재화 항목

획득이 필요함	행동

이러한 연습은 직원들의 몰입을 위한 역할 모델로서 여러분의 입지를 강화하기 위한 출발점이다. 가장 중요한 것은 여러분이 하는 모든 일에 일관성을 보여줌으로써 여러분이 얼마나 회사에 몰입하고 있는지를 보여주는 것이고 팀뿐만이 아니라 직원들과 함께 시간을 보내면서 확신을 가지고 말해야 한다는 것을 의미한다.

이전 질문에 대한 답변을 바탕으로 아마도 관리자 프로그램 또는 다른 활동에 참여함으로써 자신의 개발에 시간을 투자하는 것이 좋을 것이다. 더불어 그렇게 함으로써 당신은 당신의 팀을 위해서 지속적으로 전문적 개선에 대한 관심의 본보기가 될 수 있다. 다시 말해 당신 스스로 역할 모델이 되는 것이다.

역할 모델의 특성

이제 여러분이 관리자뿐만 아니라 몰입의 역할 모델이 되는 것이 가장 중요하다고 생각하는 특성에 대하여 설명하도록 하겠다.

경청(그들이 말하지 않는 것에도 듣기 위한 노력을 하라)

직원 및 다른 사람과의 좋은 관계를 맺기 위한 열쇠는 직원이 말하는 것과 말하지 않는 것을 주의 깊게 듣는 것이다. 이렇게 함으로써 개인과 직원으로서 그들에 대한 귀중한 정보를 얻을 수 있다. 이 두 가지 측면이 깊이 얽혀 있는 정보는 그들의 요구를 충족시키고 계약 목표를 달성하기 위한 노력을 안내하는 데 도움이 될 것이다. 직원들의 말에 귀를 기울이면 직원들이 어떤 자원을 필요로 하고 어떤 장애물을 제거해야 하는지 결정하는 동시에 이 중요한 기술을 모델링하게 된다.

경청(그들이 말하지 않는 것을 듣는 것)을 통해 실제로 위임할 수 있는 내용을 조정할 수 있으므로 헌신이 가능할 수 있다. 이것은 다른 과업에 좀 더 당신의 에너지를 헌신할 수 있다는 것이다. 단계적으로 과업을 위임함으로써 최종 성과의 소유권과 권한 부여를 촉진할 수 있다. 이것은 일반적으로 성취감의 결과로 몰입도를 높일 수 있는 것이다.

직원들이 특정 사안에 대해 이견을 보일 경우에 부정적인 영향을 우려하지 않고 자유롭고 비밀스럽게 말할 수 있는 신뢰 분위기를 조성해야 직원들의 말에 귀를 기울일 수 있을 것이다. 그래야 그들과 그들에 대해 제대로 배울 수 있고 도움이 되는 피드백과 코칭을 제공할 수 있는 기회를 찾을 수 있다. 곧 그들은 서로 듣는 기술을 연습할 것이다.

소통

직원들과 모든 교류는 일종의 의사소통을 수반한다. 우리는 메시지의 일관성의 중요성과 직원들이 관리자로서 당신과 여러 문제를 편하게 논의할 수 있는 개방적이고 신뢰적인 분위기를 조성하는 것의 중요성을 재차 강조한다. 역할 모델로서 당신은 직원들이 보여주기를 바라는 이러한 행동들, 즉 직원들의 생각이 끝나기를 기다려주기, 교대해주기, 아이디어를 명확하게 설명하기, 감정을 적절하게 전달하기, 적절한 언어를 사용하기, 감사를 표현하기, 공손하게 반대 의견 내기 등을 보여주어야 한다. 목소리 톤, 몸짓, 그리고 공간 사용을 포함한 당신의 비언어적 의사소통은 그들이 가치가 있다고 느낄 수 있도록 항상 당신의 언어적 의사소통과 일치해야 한다. 다시 말하지만, 직원들은 당신이 전달하는 모든 것에 주의를 기울일 것이다.

직원들이 업무를 완수하는 데 사용할 수 있는 방법을 다양화함에 따라 직원들과 의사소통하는 데 사용하는 수단도 다양화해야 한다. 사용 가능한 기술을 사용하고 각 기술에 가장 적합한 것을 기준으로 직원의 개별적인 요구와 경험에 맞게 사용할 것을 권장한다. 예를 들어 일부 팀원들은 직접 또는 가상으로 대면 소통을 선호하는 반면, 일부 팀원들은 짧은 이메일과 문자 메시지에 익숙할 것이다. 그리고 여전히 다른 방법으로 전화 통화를 선호할 수 있다. 여기서 핵심은 사용 가능한 수단을 사용하여 자주 의사소통하는 것이다. 기술 그 자체를 위해 사용하는 것이 아니라 생산성을 높이기 위한 보조 수단으로 사용하는 것이다.

가치 다양성

오늘날 일터에서의 구성원들의 가치는 다양한 형태를 보인다. 여기에는 나이, 성별, 종교, 숙련도 수준 및 민족성과 같은 전형적인 인구 통계학적 특성과 사회·경제적 지위 및 교육 수준 등이 포함된다. 이것은 일반적인 이해 수준과 달리 그리 전형적이지 않은 몇몇 특징들을 포함한다. 여러분은 모든 직원들이 각자의 고유한 가치와 각자가 일상적인 책임의 일부로서 팀의 전반적인 성공에 어떻게 기여하는지를 이해할 수 있어야 한다. 가장 중요한 것은 모든 사람들과 일상적인 상호작용에서 다른 특징을 가진 직원들에게 개방성과 포용성을 보여줘야 그들 모두가 당신을 일관되게 이야기하는 것으로 볼 수 있다는 것이다. 다양성을 중시하는 것은 적용 가능한 법률을 준수하는 것 이상을 수반한다는 것을 기억해야 한다.

풍부한 지식

관리자로서 당신은 직원들의 주요 정보자원이다. 비록 당신이 모든 것에 대해 모든 것을 알기를 기대하는 것은 현실적이지 않지만, 당신이 당신의 책임을 수행한다고 가정하는 것이 합리적일 것이다. 또한 다른 사용자에게 올바른 방향으로 지시하여 필요한 자원을 확보할 수 있어야 한다. 정보화 시대에는 최소한 여러분이 알아야 할 것을 어디서 찾을 수 있는지 알아야 한다.

지식이 있다는 것은 당신이 모르고 있는 것에 대하여 알고 있다는 의미이기에, 당신이 학습에 대해 중요하게 생각한다면 지식 습득을 위해 학습을 지속하는 것을 결정할 수 있다. 만약 여러분이 무언가를 배우는 것이 중요하다고 결정한다면, 여러분은 그 지식을 얻을 수 있는 여러 가지 선택권을 가지고 있다. 우리는 이 책의 다른 장에서 직원들의 몰입을 촉진하기 위해 학습과 개발 활동의 맥락에서 그들 중 일부를 언급했다. 여러분이 모르는 모든 것을 배울 필요는 없다. 여러분이 알아야 할 것을 선택하고 나면 우선순위를 정하고 그것을 학습하기 위한 노력에 집중할 수 있어야 한다.

직원들은 여러분이 가지고 있는 지식과 어떻게 그 지식을 사용하는지, 그리고 여러분이 가지고 있거나 가지고 있지 않다는 증거를 보여주는 방법의 측면에서 여러분을 역할 모델로써 존경할 것이다.

예를 들어 여러분은 공개적으로 다른 사람들과 정보를 공유하는 주제 전문가이거나 또는 다른 사람의 필요에 기초하여 사람들과 정보를 공유할 수 있다. 이 두 가지 유형의 주제 전문가 중 어떤 사람이 되기를 원하는가? 여러분은 항상 다른 사람에게 메시지를 보내고 여러분의 직원들은 여러분이 말하는 것보다 훨씬 더 많은 것을 할 것이라는 점을 기억하기 바란다.

존중

오늘날의 업무환경에서 다른 사람들과의 상호작용과 관계의 질은 여러분이 필요로 하고 원하는 곳에 도달하는 데 도움이 될 것이다. 회사의 모든 구성원들과 공통의 목적을 공유해야 한다. 이것은 임무를 완수하는 것과 회사의 사업 결과를 그들의 역할에서 얻기 위함이다. 그렇기 때문에 모든 사람들이 기여하는 것은 중요하다. 결국 여러분은 다른 사람들을 통해

능숙하게 일함으로써 결과를 얻는다. 그것은 여러분의 입장에서 다른 사람들이 나를 어떻게 대하기를 바라는지에 대한 것이기도 하다. 직원들이 여러분을 필요할 때뿐만 아니라 항상 다른 사람들을 중요하게 생각하고 존중하는 사람으로 생각하도록 실천해야 한다. 다른 사람들, 특히 회사에서 그다지 뚜렷한 가치가 없을 수도 있는 업무를 수행하는 사람들을 어떻게 대하는지에 대해 다른 사람들이 어떻게 인식하는지에 대해서도 잘 알고 있어야 한다. 여러분의 직원들은 여러분이 일관되게 행동하는 것을 본다면 여러분과 서로 존중하고 여러분에게 더 몰입하게 될 것이다.

지원

관리자로서 여러분의 많은 책임 중의 하나는 다른 사람들이 최고가 되도록 격려하는 것이다. 이것을 실행하기 위해서는 여러분은 그들이 실수하는 동안 새로운 기술을 습득하도록 길을 비켜야 할지도 모른다. 학습자로서 직원들은 취약성을 느끼고 자신에게 무능해 보이는 것을 두려워할 수 있다. 어느 시점에서는 여러분은 다른 사람들이 어떤 방식으로든 배울 수 있도록 하는 가치를 받아들여야 한다. 결국 이러한 활동이 여러분의 팀과 회사에 이익을 만들어낼 수 있기 때문이다. 또한 여러분은 그들을 위해 그곳에 있다는 것을 전달할 방법을 찾아야 할 것이다. 여러분은 자원과 정보를 제공하기 위해 최선을 다할 뿐만 아니라 아마도 더 중요한 것은 판단을 생략하고 기댈 수 있는 어깨를 제공해야 할 것이다.

직원들이 개인적인 상황에 직면하게 될 때도 있을 것이다. 이러한 상황에서는 일정 관리와 같은 업무 관련 문제에 유연하게 대처해야 할 수도 있다. 여러분은 원초적인 감정의 표현을 다루거나 그들이 직면하고 있는 어떤 상황을 해결하기 위해 약간의 공간을 허용할 필요가 있을지도 모른다. 결국, 사생활과 공감에 대한 여러분의 존중은 여러분을 좀 더 오래 유지할 수 있는 길로 인도할 것이다.

당신의 직원들은 우리가 방금 언급한 상황에서 자신들이 성장하기 위해 관리자로서 당신을 존경할 것이다. 게다가 그들은 당신이 해야 할 일과 그 일들에 대하여 어떻게 하는지에 관심을 기울일 것이다. 아마도 그들이 다른 사람을 도울 때 당신과 동일하게 수행할 것이다. 이것은 다른 사람의 요구 사항을 자신의 요구보다 우선시한다는 것을 의미할 수 있다. 누군가가 당신이 될 수 있다는 것이다.

집중

오늘날 빠른 속도로 진행되는 업무환경에서는 경쟁 우선순위와 메시지로 인해 많은 방해를 받게 된다. 관리자로서 당신은 여러 개의 동시 요구 사항으로 인해 특정한 문제에 직면하게 될 것이다. 더욱이 이러한 요구의 수가 금방 줄어들지 않을 가능성이 매우 높다는 것이다.

많은 사람들이 멀티태스킹의 이점을 강조하지만 다른 사람들은 특정 시점에 작업이나 사람에게 집중할 수 있는 능력을 중요하게 생각한다. 일련의 일을 마친 후 성취감을 얻는 것은 다른 일을 계속할 동기부여의 원천이 된다. 회의 중에 누군가의 관심을 받는 것은 자신의 가치를 강화시키게 한다.

직원들은 여러분이 업무를 어떻게 구성하고 어떻게 그들과 상호작용하는지 다음과 같은 질문으로 쉽게 알아차릴 것이다.

» 우선순위를 정하는가?
» 당신은 당신의 시간을 얼마나 잘 관리하는가?
» 당신은 그들과 개별적으로 회의하는 동안 이메일에 응답하려고 노력하는가?
» 당신은 항상 서두르고 제시간에 아무것도 끝낼 수 없는 것 같은가?

만약 여러분이 어떤 것을 하고 그들이 또 다른 것을 수행하기를 기대한다면 여러분은 여러분 행동과의 일치감이 떨어질 것이다. 그들의 몰입은 그에 따라 영향을 받을 것이다.

지속성

이 특성은 집중력과 밀접한 관련이 있다. 여러분이 무엇을 할 것인지와 여러분의 목표가 무엇인지 결정할 때, 여러분은 관련된 일에 시간과 관심을 쏟을 필요가 있을 것이다. 때로는 원하는 결과를 빨리 얻지 못할 수도 있으므로 자신의 현재 상태와 자신이 하고 있는 일에 더 많은 노력을 기울여야 한다. 만약 당신이 그것을 원할 때 당신이 원하는 것을 얻지 못하거나 당신이 마침내 그것을 했을 때 극도의 행복 수준을 경험하지 못한다면 당신은 좌절을 경험할지도 모른다.

여러분이 하고 있는 일을 완성하거나 논리적인 결론이 나올 때까지 무언가를 끝까지 지켜보겠다는 여러분의 결심이 중요하다. 이러한 행동은 특히 모든 것이 어제까지 마감된 것처럼 보이는 시간에 다른 사람들에게도 같은 일을 하게끔 하는 본보기가 될 수 있는 것이다. 마찬가지로 부정적인 감정과 긍정적인 감정을 통제하는 방법은 직원들이 비슷한 상황에서 반응할 수 있는 특정 기준을 설정하는 것이다. 직원들은 여러분이 긍정적인 태도로 업무를 수행하는 것을 본다면 그들은 어려운 상황에 직면했을 때에 같은 모습으로 일을 할 가능성이 더 높아질 것이다. 그렇게 때문에 일관성을 가져야 하는 것이 중요하다.

변화 또는 변화에 대한 의지

얼마 전에 경제활동 인력에 진입하는 것은 은퇴 연령에 도달할 때까지 수년 동안 한 회사에서 한 가지 경력을 갖는 것을 의미했다. 그 당시에는 아무도 다른 경력으로 여러 번 자신을 새롭게 하거나 직업과 회사를 반복적으로 바꾸는 것에 대하여 꿈을 꾸지 않았다. 오늘날의 일터에서 성공하는 것은 변화를 다루는 것이 전부이기 때문에 적응하고 진화하기 위해 변화에 적응하거나 기꺼이 변화를 시작할 수 있어야 한다. 변화하는 능력에 대한 다음 질문에 여러분들은 어떻게 대답하겠는가?

- 당신의 일을 완성하기 위해 항상 같은 일과 절차를 준수하는가?
- 경력의 남은 기간 동안 같은 종류의 일을 계속할 생각인가?
- 당신의 직업적인 삶이나 개인적인 삶에서 새로운 것을 시도할 생각에 움츠러들었는가?
- 다른 결과를 얻을 수 있도록 일을 완료할 수 있는 대안 또는 더 효율적인 방법을 찾고 있는가?
- 새로운 기술과 역량을 습득하기 위해 시간과 에너지를 소비할 의향이 있는가?
- 당신의 경력을 시작했을 때에 예상하지 못했던 일을 미래에 하고 있다고 생각하는가?

유연성, 유연성, 유연성은 여러분의 경력에서 계속해서 발전할 수 있도록 도와줄 것이며, 직원들에게 반드시 전달되어야 하는 것이다. 그들은 특히 회사가 불확실한 시기에 변화할 수 있거나 기꺼이 변화할 의지가 있어야 한다. 이 기능을 시연하고 이점을 보여주면 직원들은 이 품질이 자신과 회사에 어떤 혜택을 줄 수 있는지 알게 될 것이다. 따라서 그들은 그들에게 기대되는 것을 넘어서기를 매우 열망할 것이다.

사람들이 가치 있게 생각하는 것을 인지하기

직원들과 교류하면서 직원들에게 전문적 또는 개인적으로 중요한 것이 무엇인지 알게 될 것이다. 이 정보는 언제든지 특정 요구 사항을 해결할 수 있기 때문에 관리자 및 역할 모델로서 매우 유용하다.

예를 들면, 로널드는 직장에서 이름 대신 스미스라는 성으로 불리는 것을 선호한다. 카렌은 일터에서 성을 사용하는 것을 싫어한다. 우리는 그들이 원하는 대로 각각의 의견과 생각을 맞추어야 한다. 특히 별명을 사용할 때는 조심해야 한다. 케빈은 대중의 인정을 선호한다. 제프는 다른 사람이 없을 때 잘한 일에 대해 당신으로부터 손으로 쓴 메모를 받고 싶어 한다. 이렇듯 우리는 공개 석상에서는 케빈을 챙기고, 비공개 석상에서는 제프를 챙기고 인정해야 한다.

직원들이 회사에서 맡은 역할 이상으로 개인으로서 관심을 기울일 때 직원들은 감사함을 느낄 것이다. 직원들은 단순하게 당신과 더 강한 감정적 관계를 맺었기 때문에 더 몰입될 수 있다는 것을 인지해야 한다.

직원들이 팀 내 개인에 대한 선호도를 나타내지 않고 이러한 차이를 구별하는 방법을 감지하면 직원들은 여러분과 서로에 대해 더 깊은 수준에서 알게 될 것이다. 이러한 지식은 그들이 함께 더 잘 일할 수 있도록 도와줄 것이다. 특히 감정적인 반응은 상당한 혼란을 일으킬 수 있는 스트레스가 많은 상황에서 더욱 그러하다.

두려움을 피하라

두려움은 인간이 직장에서 느낄 수 있는 가장 마비된 감정 중 하나이다. 그것은 종종 가치 있는 것에 대한 위협이 인지되는 상황에서 무슨 일이 일어날지 모르는 결과이다. 두 가지 예를 들어보겠다.

루스는 합병이나 인수로 인해 직장을 잃는 것을 두려워할 수 있다. 왜냐하면 그 직장은 그녀의 유일한 수입원이기 때문이다. 이러한 상황에서 그녀의 불안은 그녀가 원치 않는 결과로 이어질 수 있는 실수를 만들어낼 수도 있다는 것이다.

제이슨은 잠재적인 경력 기회를 의미할 수도 있는 매우 가시적인 프로젝트에서 탐나는 자리를 잃는 것을 두려워할 수 있다. 불안하고 두려운 것처럼 다가옴으로써 제이슨은 실제로 프로젝트에 남아 있을 가능성을 줄이고 그의 선택권을 제한할 수 있다.

위의 두 사례 모두에서는 두려움이 일어나고 있거나 일어날 수 있는 일에 대한 통제력을 갖지 못한 결과이기도 하다. 여러분은 스스로 무엇을 해야 하는지 명확하게 볼 수 없기 때문에 두려움에 의해서 마비되어 어떠한 노력도 할 수 없게 되는 것이다. 누군가가 두려워할 때에 그 사람은 통제할 수 있는 것에 집중할 수 없기 때문에 귀중한 시간과 에너지를 잃고 부적절한 자신의 이미지를 투영하게 된다.

여러분은 두려움의 결과로 감정적으로 단절되고 몰입과 멀어질 수 있다. 그러므로 여러분은 스스로 통제할 수 있는 것에 대한 통제감을 높이고 여러분이 영향을 미칠 수 있는 것에서 그 방법을 찾음으로써 두려움을 피하거나 그것을 다룰 필요가 있다. 당신은 직원이 너무 빠르게 회사를 떠나기 전에 직원들에게 현실이 실제보다 더 나쁘다고 생각하지 않도록 감정을 통제하고 그에 맞는 행동을 시작해야 한다.

학습과 개발 촉진

당신에게도 좋은 소식이 있다. 비록 여러분이 관리자일지라도 여러분은 계속 배우고 전문가로서 성장할 수 있는 방법을 찾을 필요가 있다. 당신은 공식적인 클래스룸 기반의 교육같이 회사가 의무화하거나 지원하는 학습 및 개발 행사에 참석해야 한다. 다른 경우에는 온라인 과정을 수강해야 할 수도 있다. 또는 내·외부 자원으로부터 코칭 또는 멘토링을 받을 수 있는 옵션이 제공될 수도 있다.

여러분은 그 행사에 참석하거나 그 활동에 참여하는 것을 꺼릴 수도 있을 것이다. 아마도 여러분은 오전 강의에 참석하기 위해 자신이 하고 있을 일을 멈추는 것보다 계속 일하는 것을 선호할지도 모른다. 또한 집에서 편안하게 온라인으로 수강하는 것을 선호할 수도 있을 것이다. 그러나 여러분이 일하는 환경에 통제된 상황을 고려할 때에 이것은 선택 사항이 아니라는 것이다. 아마도 여러분은 스스로 업무에 방해가 될 수 있는 사각지대를 해결하는 데 도움을 줄 수 있는 사람이 있다는 것의 가치를 보지 못할 수도 있다.

만약 당신이 그 행사들에 참여하지 않거나 그것들이 필요할 때에 그 과정을 수강하지 않거나 또는 잘 구성된 멘토나 코치의 지원을 받지 않는다면 당신은 직원들에게 당신의 배움과 발전을 진정으로 믿지 않는다는 것을 전달하게 될 것이다. 그렇기 때문에 학습과 개발을 위해 잠시 멈추길 바란다.

직원들이 동일한 요청을 수용하는 것에 대해 어떻게 생각할지 고민이 필요하다. 새로운 경험에 개방적일 것인가? 아니면 해야 할 일이 많기 때문에 참여하지 않을 방법을 찾을 것인가? 직원들이 이러한 기회를 심각하게 받아들이지 않을 경우 어떤 일이 발생할 수 있는지 시각화해보기 바란다.

당신의 회사는 교육을 제대로 받지 못한 직원들로 인해 발생하는 불행한 사고의 경우 벌금과 소송의 대상이 될 수 있다. 그 결과에 대한 책임의 귀책사유가 스스로에게 돌아올 수 있다. 그리고 당신의 회사는 업계의 최신 동향을 파악하는 인력이 부족하여 수익을 잃을 수 있다.

여러분과 여러분의 직원들은 미래가 가져올 도전에 대비해야만 미래를 갖게 될 것이다. 직원들이 학습과 개발 활동의 가치와 이를 통해 얻는 혜택을 볼 때에 그들은 가치를 느끼게 될 것이다. 결국에 직원들이 배우는 것은 그들이 지켜야 할 것이 있기 때문이다. 만약 여러분이 그들과 함께 이러한 행사에 참석한다면 그들은 계속해서 배우도록 영감을 받을 것이다. 반드시 그렇게 행동해야 한다.

우리는 당신이 직원들의 몰입 역할 모델로서 역할을 하는 관리자로서의 중요성을 강조했다. 또한 우리는 중요한 기능의 가장 두드러진 특징에 대해서도 논의했다. 그래서 여러분은 자신이 어디에 있는지 알 수 있고 더 나은 역할 모델이 되기 위해 필요한 역할 조정을 할 수 있다고 믿는다.

여러분이 가장 효과적인 역할 모델이 되기 위해서는 여러분 자신의 몰입 수준과 그 몰입 수준을 직원들에게 어떻게 전달하고 있는지에 대해 더 많이 알아야 한다. 이제 여러분에게 몇 가지 질문을 통해서 여러분의 몰입을 확인하기 위한 도움을 제공할 것이다.

다음의 진단지는 관리자 몰입 자기 평가표이다. 이것은 몰입의 특정 구성요소를 다루고 있다. 각각의 질문에 대한 답변을 표시하고 "예", "아니오", "모름"이라고 대답한 이유를 보여주는 행동의 예를 기술해보기 바란다.

Worksheet 9-5 관리자 몰입 진단

No	문항	예	아니오	모름	행동
1	회사와 정서적으로 연결되어 있다고 느끼는가?				
2	나의 팀과 정서적으로 연결되어 있다고 느끼는가?				
3	나는 매일 출근하기를 원하는가?				
4	나와 회사의 가치관이 일치하는가?				
5	나는 회사의 비전을 신뢰하는가?				
6	회사의 미션을 지지하는가?				
7	회사의 핵심 가치에 충실하다고 생각하는가?				
8	우리 회사가 직원들을 지지한다고 생각하는가?				
9	다른 이슈에 대한 회사 입장에 동의하는가?				
10	우리 회사가 다른 사람에게 공개되는 것에 동의하는가?				

No	문항	예	아니오	모름	행동
11	외부 이해관계자와의 상호작용에서 회사를 지지하는가?				
12	회사 내에서 나의 직무로 나의 참여를 제안하는가?				
13	회사 내에서 나의 팀의 직무로 참여를 제안하는가?				
14	업무에 대한 행동과 태도를 통해 회사에 대한 책무를 수행하는가?				
15	일터 밖에서 나의 행동과 태도를 통해 회사에 대한 책무를 수행하는가?				
16	회사가 모든 직원에게 성장과 발전의 기회를 제공한다고 생각하는가?				
17	나는 회사에 오랫동안 소속되어 있을 생각인가?				
18	회사가 목표를 달성하는 데 필요한 시간과 자원을 할애할 의향이 있는가?				
19	회사에서 하는 일에 만족하고 활력이 넘치는가?				
20	회사에서 하는 일이 즐거워 매일 출근하고 싶은가?				
21	내가 하는 일에 가치를 느끼는가?				
22	업무를 수행할 수 있는 도구가 있는가?				
23	급여와 보상이 줄어도 회사에 계속 남아 있을 것인가?				
24	관리자가 나에게 영감을 주는가?				
25	나는 다른 사람들에게 일하기 좋은 곳으로 우리 회사를 추천하는가?				
26	내가 일하는 곳을 사람들에게 말하는 것이 자랑스러운가?				
27	나는 항상 나의 회사에 대해 이런 느낌을 받아왔는가?				

자기진단에 대한 항목별로 "예", "아니오", "모름"에 대한 숫자를 적고 평가해보기 바란다.

» 13개~17개 사이의 질문에 "예"라고 대답했다면 여러분은 회사와 확고한 관계를 맺고 있는 것으로 보인다. 당신은 잘 지내고 있지만, 여전히 해결해야 할 부분에 주의를 기울이는 것을 고려해야 한다.

» 18개 이상의 질문에 "예"라고 대답했다면 당신은 당신의 회사와 매우 밀접한 관계가 있는 것이다. 축하한다. 당신은 여전히 "아니오"라고 대답한 질문들을 검토하고 그 이유를 알아내야 한다. 일단 그렇게 하면 여러분은 이러한 대답을 "예"로 바꾸기 위한 조치를 취할 수 있다.

» 13개~17개 사이의 질문에 "아니오"라고 대답했다면 당신은 회사와 몰입 관계를 끊는 것처럼 보인다. 여러분 자신과 회사를 위해 최선의 결정을 내릴 수 있도록, 왜 이런 경우가 있는지 생각해보기 바란다. 회사에서 또는 당신의 삶에서 어떤 일이 일어나고 있으며 회사와의 관계에 어떤 영향을 미치고 있는가? 무슨 일이 일어나고 있을 가능성이 아주 높은 것은 당신의 말과 행동을 통해 보여주게 된다는 것이다. 이것이 개인적인 것이 아니라면 다른 사람들은 곧 몰입 관계를 끊을 수 있게 된다는 것이다.

» 18개 이상의 질문에 "아니오"라고 대답한 경우에 당신은 회사와 몰입 관계가 매우 멀어진 상태이다. 이러한 상황은 당신의 낮은 몰입 관계 수준이 당신의 직원들에게 분명히 부정적인 영향을 미칠 것이기 때문에 당신은 신속하고 면밀한 주의가 요구된다. 여러분은

스스로 직면하고 있는 전문적이거나 개인적인 상황을 해결하기 위해 신뢰할 수 있는 누군가에게 도움을 요청하는 것을 고려할 수도 있다.

» 대부분의 질문에 대한 답변이 "모름"이었다면 해당 질문과 언급한 행동을 다시 한번 확인하기 바란다.

» 예를 들어보면 "일터 밖에서 나의 행동과 태도를 통해 회사에 대한 책무를 다하고 있는가?"에 대해 모른다고 했다면, 주말에 심부름을 할 때 누군가가 당신의 조직에 대한 정보를 요청할 때 어떻게 하는가? 만약 당신이 그 시간에 일을 하지 않고 있더라도 그 정보를 제공한다면 당신은 그 질문에 대한 대답을 "예"로 바꿔야 한다. 대신이 회사 대표 전화를 통해 월요일에 전화하라고 하면 그 질문에 대한 대답을 "아니오"라고 바꿔야 한다.

당신의 답을 살펴보기 바란다. 답변에 포함된 정보에서 발견한 패턴은 몰입 수준에 긍정적이거나 부정적인 영향을 미칠 수 있는 경력의 특정 영역을 파악하는 데 도움이 될 것이다. 직원들에게 더 나은 역할 모델이 되기 위해서 변경하거나 조정해야 할 사항을 고려해보기 바란다.

기억하라

» 역할 모델 자체 평가 결과로 돌아가라.

» 몰입에 대한 자기 평가를 검토하라.

» 직원들에 대해 알아가라.

» 직원들에게 보여주고 싶은 것을 모델링하라.

» 당신이 직원과 함께 도전한다는 것은 몰입 또는 그것에 맞추는 것과 연계되는 것을 결정하라.

» 검토하고 반복하라.

핵심정리

- 역할 모델이 영향을 미친다.
- 당신은 관찰되어지고 있다.
- 직원들의 몰입 수준에는 차이가 존재한다.
- 여러분의 가장 중요한 책임은 역할 모델이 되는 것이다.
- 일관성을 유지해야 한다.
- 당신이 하는 모든 일이 당신이 얼마나 몰입하고 있는지를 보여준다.
- 자신을 개발하는 데 시간을 투자하는 것에 집중해야 한다.
- 신뢰 분위기를 조성하라.
- 지식이 있다는 것은 여러분이 모르고 있는 것에 대한 것을 알고 있다는 것이다.
- 당신이 타인을 관리하는 것에 대해 어떻게 그들을 대할지 고민하는 것이 사람 관리에 대한 모든 것이다.
- 다른 사람들이 최고가 되도록 격려하라.
- 존중과 사생활은 당신을 오랫동안 지켜줄 것이다.
- 당신은 여러 가지 일을 할 수 있지만, 경시하지 마라.
- 직원들에게 자신의 유연성을 전달하라.
- 두려움에 맞서라.
- 미래를 준비하라. 배움과 발전을 위한 지원을 실천하고 설명하라.

10장

우리가 해야 할 일들과 계획, 그리고 우리의 변화된 모습

서론

이 책의 첫머리에서 우리는 직원몰입을 위한 여정으로 여러분을 초대했다. 우리의 여정은 이제 끝나가지만 당신의 여정은 이제 시작이다. 지금까지 수행한 작업을 검토하고 다음에 수행할 작업에 대한 몇 가지 제안을 제공하겠다.

우리는 우리의 연구와 실무자로서의 경험을 바탕으로 몰입의 정의를 여러분과 공유했다. 우리는 조직 내에 존재하는 이러한 몰입 동인 요소들을 제시하였다. 좀 더 넓은 맥락에서 우리는 통계적 수치와 우리 일터에서의 동향에 대하여서도 논의하였다. 우리는 직원몰입이 사업과 직원에게 미치는 영향에 대해서도 설명하였다. 우리는 조직문화뿐만 아니라 문화 내 개인의 차이와 직원몰입에 대한 그들의 역할을 정의했다. 우리는 몰입

"나" 경로의 단계와 경력 "나" 경로의 단계를 소개하고 직원 행동의 구체적인 사례와 관리자로서의 해야 할 일과 피해야 할 일에 대한 제안을 소개했다. 우리는 이 책을 통해 관리자로서의 당신의 역할에 대해 설명했지만, 가장 중요한 것은 직원들의 몰입을 위한 역할 모델이라는 점이다. 우리는 여러 가지 연습을 완료하고 방금 공유한 내용에 대해 생각해볼 것을 요청함으로써 당신의 회사와 당신의 경험, 그리고 그것들이 직원들에게 어떠한 영향을 미치는지에 대해 생각해볼 수 있도록 이끌었다. 우리는 각 장에서 별도의 조언(tip)을 제공하고 각 장과 섹션에서 멈추고 생각해봐야 할 아이디어를 추가하였다. 그리고 주요 아이디어를 기억할 수 있도록 핵심정리로 마무리했다. 우리가 전에 말했던 것처럼 "이것은 당신의 책이다", 그리고 "누군가가 항상 보고 있다"를 기억해야 한다.

모든 다른 장들을 읽고(또는 가장 관심 있는 장) 그곳에 포함된 실습과 설문지를 모두 완료하면 직원몰입이 무엇인지에 대한 이해가 달라질 수 있다. 또한 여러분의 회사가 수집하여 제공한 직원몰입에 대한 모든 정보를 보완하거나 보완할 수 있는 여러분의 회사와 직원에 대한 소중한 정보를 공유했다. 또한 다음과 같이 스스로 물어볼 수도 있다. "자, 이제는 뭐죠?"

이제 해당 질문에 대한 답변을 도와주도록 하겠다.

지금 시작하고 먼저 생각하기

우리는 여러분이 배운 것을 배우는 즉시 사용할 수 있다고 믿기 때문에 내일부터 직원몰입에 대해 여러분이 할 수 있는 일에 대해 생각해보기 바란다. 여러분이 하는 모든 일은 여러분의 성과와 회사의 사업 결과와 연결되어야 한다.

자! 지금 시작해보자.

» 이 책에서 주의를 끌었던 특정 주제 또는 주제에 대해 계속해서 알아보기 위해서는 당신의 일정에 어느 정도 시간을 할애해야 한다.
» 다른 사람들을 여러분의 노력에 관심을 갖게 하고 참여시키기 위해서는 여러분이 방금 배운 것에 대해 구체적으로 말하기 시작해야 한다. 이러한 활동에 가속도를 붙이기 시작하는 것이 핵심이다.

그리고 다음 주에 할 것을 확인해보자.

» 여러분 회사의 직원몰입에 대해 더 많은 정보를 수집하라.
» 직원 한 명, 한 명과 더 좋은 시간을 보내라.
» 주도권을 가진 조력자로서 역할을 할 수 있는 경영진과의 미팅 일정을 잡아라.
» 직원몰입을 촉진하기 위한 전사적 실천 과제를 정의하라. 그리고 직원들을 위한 챔피언이 되어라.

그리고 다음 달에 무엇을 할 수 있는지 확인해보자.

» 직원들을 위해 이 책에 포함된 평가를 완료하고 직원들의 결과와 당신의 결과를 비교하라.
» 실행 계획을 준비하기 위한 데이터를 수집하라.
» 여러분이 함께 일할 몰입 "나" 경로 또는 경력 "나" 경로 중 하나에

서 상위 3가지 시행착오를 파악하고 1년 동안 이것들을 분배하라.

» 팀의 누군가가 새로운 것을 배울 수 있도록 도와주어라. 피동적 경험을 제공하라.

다음 달보다 더 먼 미래의 일은 행동 계획의 이슈이다. 이러한 것들은 다음 섹션에서 논의할 주제이다.

실행 계획

이전에 이 용어를 들어본 적이 있을 수도 있지만 만일의 경우를 위해서 다음과 같이 정의한다. 우리는 실행 계획을 회사에서 이미 파악한 요구 사항을 해결하고 특정 목표를 달성하기 위해 취할 조치를 운영하기 위한 의도적인 노력으로 정의한다. 이를 집으로 가져오면, 당신은 직원들과 회사의 다른 곳에 있는 직원들 간의 몰입을 증가시키는 목표를 갖게 되는 것이다. 아마도 당신은 이미 직원들의 몰입을 높이기 위해서 부서별 또는 회사별 전담 팀에 소속되어 있고 그것이 당신이 이 책을 읽기로 선택한 이유일 것이다. 실행 계획은 그 결과를 직원과 사업에 직접적인 영향을 미칠 수도 있는 구체적인 단계와 활동으로 전환하는 데 도움을 줄 수 있다.

자세한 내용을 살펴보기 전에 전략과 활동을 구분해보자. 전략은 무언가를 성취하기 위해 따라야 하는 전체적인 접근 방식이다. 예를 들면 직원들이 자신의 의견이 중요하다고 느끼기를 원하기 때문에 직원몰입도를 높이기 위한 참여 전략을 갖게 될 것이다.

이와는 대조적으로 활동은 직원들에게 다가가 그들의 의견이 중요하다고 느끼게 하기 위해 실제로 하는 행동이다. 예를 들면 팀 미팅을 설계하고 진행할 사용자를 교대로 지정한다. 그것은 일을 공유하고 다른 사람들이 다른 역할을 할 수 있도록 준비하는 방법이다.

우리는 당신이 이 책을 읽고 있어서 기쁘다. 그러나 직원몰입에 한층 더 가까워지기 위해서는 어떤 데이터와 결과를 수반한 무언가를 해야 할 필요성을 완전히 이해하고 있어야 한다. 직원 데이터와 피드백을 수집한 다음 이를 무시하거나 데이터가 제시하는 것과 완전히 다른 작업을 수행하는 것은 전적으로 역효과를 낳을 수 있다. 실제로 우리의 경험에 따르면 그러한 결정은 직원들이 프로세스에 대한 신뢰를 잃고 당신을 포함한 모든 직책의 관리자가 자신의 의견뿐만 아니라 자신에게 부여하는 진정한 가치에 대해 회의적이 되면서 몰입하지 않는 상황으로 이어질 수 있다. 적어도 당신이 추측할 수 있는 것으로 미래의 설문조사와 인터뷰에 대한 참여율이 낮거나 어떤 실행 계획에 대한 협력이 낮다면 그들은 자신의 의견이 가치가 없거나 경영진이 이미 무엇을 할 것인지 알고 있기 때문이라는 것이다. 그래서 설문조사는 직원들의 말을 듣는 척하는 것으로 작동되고 있는 것이다.

요컨대 여러분이 배운 것과 그것에 대해 무엇을 하고 있는지를 강조하는 건전한 행동 계획과 목표화된 빈번한 의사소통은 여러분이 회사에서 직원들의 몰입을 촉진하는 데 큰 도움이 될 것이다. 여러분이 주의할 것은, 하루라는 시간은 한정되어 있고 관리자로서 역할을 수행해야 하므로 모든 것을 한 번에 수행할 필요는 없다는 것이다. 우리는 그것을 단순하게 유지할 것을 약속해야 한다.

실행 계획 단계

우리는 행동 계획의 단계를 다음의 그림과 같이 사다리 위의 단계로 본다. 계단의 첫 번째 단계 또는 맨 아래 단계부터 시작하여 각 단계별로 자세히 살펴보겠다.

모든 것은 직원몰입에 대한 정의에서 시작한다. 이 정의가 여러분이 무엇을 할 것인지에 대한 기초이기 때문이다. 우리는 당신 스스로의 정의와 여러분 회사의 정의로 돌아가도록 초대한다. 당신이 책을 통해 배운 것을 바탕으로 당신의 정의를 수정하는 것을 고려하기 바란다. 천천히 시간을 갖고 수행하기 바란다.

직원몰입에 대한 여러분 회사의 정의와 당신 자신의 정의를 검토한 후 각각의 유사점과 차이점을 찾아보기 바란다. 당신 자신과 구성원들에 대해 활용할 수 있는 데이터를 검토해보기 바란다.

여기에는 직원 설문조사가 유용할 뿐만 아니라 이 책의 다른 장에서 설명된 질문과 설문지의 결과도 사용될 수 있다. 데이터가 제공하는 것이 무엇인지, 당신의 정의가 어떠한지, 그리고 그것이 어떻게 일치하는지 확인해보자. 무엇이 누락되었는가?

그림 3 직원몰입 실행 계획 단계

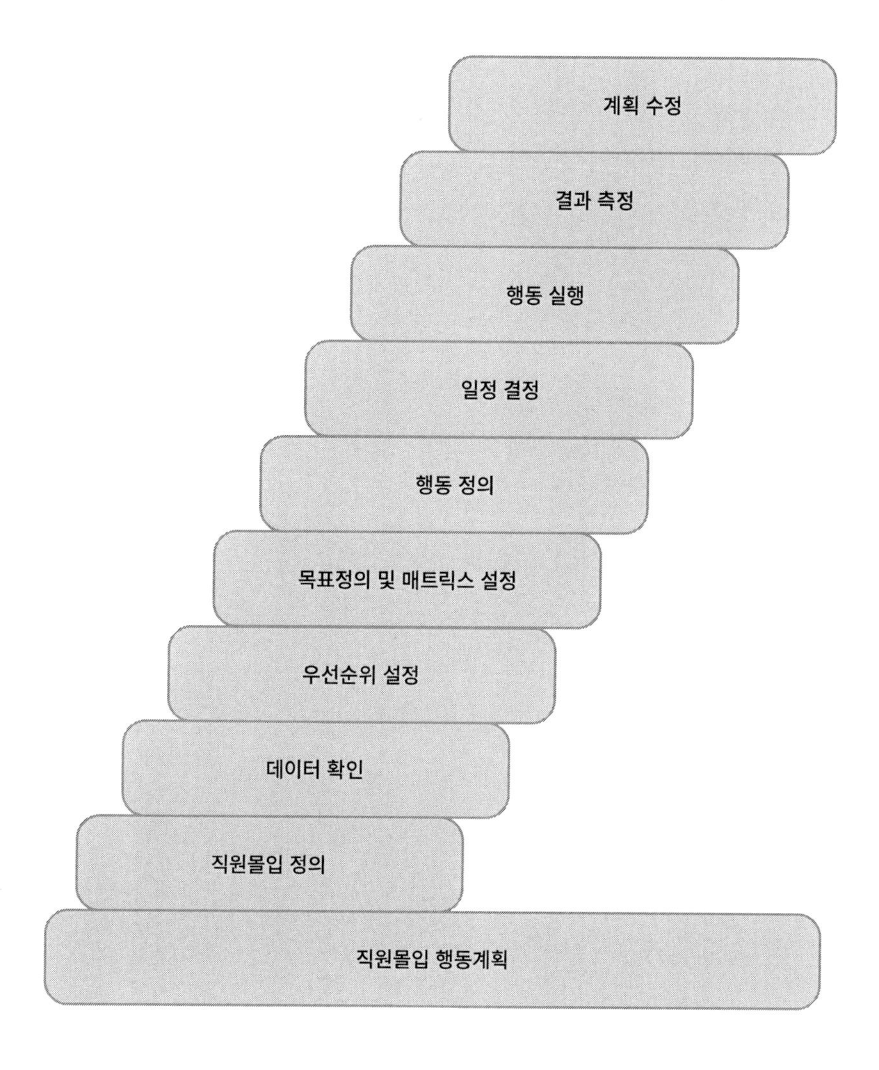

당신은 어떤 것에 먼저 도전할 것인가? 그렇다. 우선순위는 다음 단계이다. 당신은 첫 번째, 두 번째, 세 번째 등 무엇을 해야 할지 결정해야 한다. 당신이 매일 당신의 일을 어떻게 구성할 것인지 결정할 때 하는 것처럼 무엇이 중요하고 무엇이 있으면 좋은지 비판적으로 생각해보기 바란다. 그것을 사업의 우선순위와 연결시키기 바란다.

우선순위를 설정한 후에는 이러한 우선순위를 해결하고 매트릭스를 설정하기 위한 목표를 정의해야 한다. 우리는 당신이 그 목표들을 가능한 한 구체적으로 정량화하기를 바란다. 예를 들어 SMART(구체성, 측정 가능성, 달성 가능성, 현실성, 시기적절성)모델을 사용할 수 있다. 예를 들어 직원몰입도 향상 대신에 다음 설문조사에서 직원몰입 점수를 5% 높인다는 식으로 말할 수 있다.

이제 여러분은 그 목표를 달성하기 위해 어떤 활동을 할 것인지 살펴볼 필요가 있다. 다음 설문조사까지 직원몰입 점수를 5% 올리기 위한 수단으로 더 많은 의사소통을 하기로 결정했다고 가정해보자. 다시 한번 구체적으로 설명한다. 예를 들어 모든 직원과 더 많은 회의를 갖는 대신에 모든 직원과 분기별로 네 번의 회의를 진행한다고 말하는 것이다. 또는 직원 소식지 발행 대신에 직원 소식지를 월간 발행으로 수정하는 것이다.

활동을 정의한 후에는 활동을 완료할 기간과 활동을 완료할 사람을 결정해야 한다. 예를 들어 분기별 미팅을 3, 6, 9, 12월에 개최할 수도 있다. 직원몰입을 향상시키고 싶다면 3월에 있을 회의를 계획하고 진행하도록 할 수 있다. 반면 파멜라는 6월 회의를 계획하고 조지는 9월 회의, 알렉스는 12월 회의를 처리할 것이다.

다음 단계는 활동을 실행하는 것이다. 예를 들어 예정대로 완료했는가?

왜 그런가? 또는 왜 그렇지 않은가? 완료하기 위해 자원을 변경해야 했는가? 또한 각 활동의 결과를 측정해야 한다. 안심해도 좋다. 너무 복잡한 설문지를 작성할 필요는 없다. 몇 가지 기본적인 질문이 포함된 간단한 평가 양식이 적절한 시작이다. 예를 들어 활동에서 가장 좋았던 점과 가장 싫어하는 점은 무엇인가? 당신은 무엇을 다르게 할 것인가? 앞으로도 이런 활동을 계속해야 할까? 또한 직원들에게 회의 의제의 항목으로 자신의 생각을 공유하도록 요청할 수도 있다.

결과를 측정한 후에는 결과를 통하여 학습된 내용에 따라 조치를 취하고 그에 따라 계획을 수정해야 한다. 이제는 처음부터 다시 계획을 세워야 한다. 예를 들어 설문 응답자들이 분기별 부서 회의가 너무 길고 직원들 간의 귀중한 상호작용을 위한 시간을 허용하지 않기 때문에 유용하지 않다고 응답한 경우에는 직원들과 함께 무엇을 해야 할지 고려해보는 것이 좋다. 이러한 회의를 없애는 것이 최선의 방법은 아닐 수도 있지만 회의를 재설계하고 회의를 계획하고 실행할 직원들에게 조언을 제공하는 것이 좋다.

물론 진행 상황을 추적하는 데 사용할 수 있는 문서에 계획을 명시하면 삶이 더 쉬워진다. 다음에서는 이러한 활동들을 실행하는 도구를 제시하고자 한다.

실행 계획을 설정하는 도구

최상의 해결책은 일반적으로 가장 단순한 해결책이므로 실행 계획에 대해 다음과 같은 구조를 제안한다. 워드를 사용하여 만든 일반 테이블이나 스프레드시트를 사용할 수 있다. 다음의 양식을 참조하여 여러분의 생각을 쓰기 시작할 수 있도록 준비하기 바란다. 작성된 표는 각 섹션에 대해 개별적으로 논의되어야 한다.

액션플랜 양식의 내용을 참고하여 각 열 아래에 무엇을 포함해야 하는지 살펴보도록 하자.

목표: 구체적인 직원몰입 목표를 작성한다. 여러분이 하나의 목표만 가질 수도 있지만, 그것을 해결하기 위한 많은 행동들이 있을 수 있다. 또는 각 목표를 해결하기 위한 많은 목표들과 행동들이 존재할 수 있다. 우리는 이것을 단순하게 유지할 것이라고 말했기 때문에 우리는 예시에서 하나의 행동으로 하나의 목표를 사용할 것이다.

행동 1: 어떤 일반적인 조치를 취할 것인지 작성한다. 의사소통, 학습과 개발, 프로젝트 또는 경영진과 같은 일반적인 영역에 대해 생각해보기 바

Worksheet 10-1 액션플랜 샘플 양식

목표: 다음 설문조사에서 직원몰입 점수 5% 향상						
행동 1: 의사소통						
항목	세부 내용	책임자	시행 시기	행동 측정 여부	비용/시간	비고

란다.

항목(우리는 무엇을 할 것인가?): 수행과 관련하여 완료할 각 활동에 대하여 설명한다. 각 직원과 팀의 필요에 따라 다양한 활동을 포함해야 한다. 일부 학습과 개발 활동을 통합하고 회사 전체에서 사용 가능한 자원을 최적화한다.

세부 내용(어떻게 할 것인가?): 각 활동을 실행하기 위해 완료해야 하는 각 단계를 설명한다. 관리가 가능한 형태의 규모로 가급적이면 일주일 이내에 진행할 수 있는 형태의 규모로 나눈다.

책임자(누가 책임을 가질 것인가?): 각 단계 또는 전체 활동을 완료하기 위해서 누가 책임을 갖고 수행할 것인가? 여러분이 모든 것을 직접 책임지고 할 필요는 없다. 이제는 다른 사람에게 위임하고 발전시켜야 할 때이다. 조직 내에서의 통합은 좋은 관계로 발전시키기도 한다.

시행 시기(언제까지 수행하는가?): 활동을 완료하기 위한 일정이다. 날짜를 최대한 구체적으로 작성해야 한다. 가장 중요한 것은 관리자 역할의 다른 모든 요구 사항을 고려하여 현실적인지 확인하는 것이다.

행동 측정(수행한 것에 대해 어떻게 측정할 것인가?): 매우 간단한 지표에서 유용한 정보를 얻을 수 있다. 예를 들어 활동 완료 YES/NO와 같은 문장으로 작업이 완료되었는지 확인하거나 "그 활동을 다시 해야 합니까?" 등의 참가자의 질문으로 활동에 응답한 방식을 확인할 수 있다.

비용/시간(얼마의 비용/시간이 소요되는가?): 당신은 시간, 자원 및 비용 측면에서 활동 비용을 결정해야 한다. 이 정보를 바탕으로 목표 달성에 가장 적합한 활동을 결정할 수 있다. 또한 필요한 추가 자원을 찾을 수 있다. 정규 직원을 활동 자원으로 사용하는 경우에도 인당 비용을 시간당 비용으로 전환해야 한다.

비고(진행률 참고 사항): 무슨 일이 일어나고 있는지에 대한 의견과 나중에 기억하고 싶은 세부 사항을 작성한다. 예를 들어 "우선순위가 변경되어 활동이 연기되었다" 등이 있다.

우선순위를 정하고 실행 계획을 수립한 후에는 계획을 실행할 준비가 된 것이다. 가장 중요한 것은 관리자로서 여러분이 이제 더 강력한 직원 몰입의 역할 모델이 될 준비가 되었다는 점이다. 결과적으로 이러한 것은 이제 끝이자 시작이라는 것이다.

우리가 기억해야 할 몇 가지 요점과 이 책을 읽고 배운 것을 복습할 수 있도록 몇 가지의 핵심 사항을 정리하고 마무리하도록 하겠다.

핵심정리

- 배운 것은 배우는 즉시 사용하라.
- 모든 작업을 사업 결과와 연결하라.
- 여러분이 배운 것에 대해 다른 사람들에게 말하고 동기부여를 시작하라.
- 직원을 위한 직원몰입 실행안의 챔피언이 되어라.
- 다른 사람들이 새로운 것을 배울 수 있도록 도와주어라.
- 행동에 대한 결과와 피드백을 신속하게 처리하라. 모든 사람이 눈치챌 것이다.
- 몰입은 개인적인 것이라는 것을 기억하라.
- 다른 사람들을 관여시켜라.
- 직원들에게 집단으로서 그리고 개별적으로 의미 있는 것이 무엇인지 탐구시켜라.

마지막 생각

이 장은 관리자이자 작가로서 당신에게 마지막 또는 시작을 의미한다. 우리는 직원몰입에 대해 계속 배우고 이 페이지를 통해 여러분과 공유한 내용을 바탕으로 우리의 길이 다시 열리기를 바란다. 우리는 다음의 내용을 추천한다.

» 소유하라.
» 학습하라.
» 기억되게 하라.
» 몰입되게 하라.

문제는 답이다.
여러분들 모두가 몰입의 여행을 즐기기를 바랍니다.

감사합니다.

부록

Worksheet 1-1 직원몰입에 대한 이해

문항	사실	속설
직원들이 몰입되어 있을 때, 그들은 회사에 더 충성도를 갖는다.	●	
직원들이 덜 몰입되어 있을 때, 그들은 더 많은 결근을 하게 된다.	●	
나이가 많은 직원들은 젊은 직원들보다 더 몰입되어 있는 경향이 있다.	●	
숙련된 직원이 그렇지 못한 직원보다 덜 몰입되어 있는 경향이 있다.	●	
남자들은 여자보다 더 몰입되는 경향이 있다.		●
재택근무를 하는 직원들은 그렇지 못한 직원보다 덜 몰입되어 있다.		●
교대제로 근무하는 직원이 정규 시간에 근무하는 직원들보다 더 몰입되어 있다.		●
인정은 몰입을 촉진한다.	●	
성과평가는 몰입에 기여하지 않는다.		●
커뮤니케이션은 몰입을 촉진한다.	●	
업무환경은 몰입을 촉진한다.	●	
동료와의 상호작용은 몰입을 촉진한다.	●	
관리자는 몰입을 촉진하는 데 중요한 역할을 한다.	●	
구성원이 환경을 더 잘 통제할 수 있다면, 그는 좀 더 몰입될 수 있다.	●	
건강한 사람들은 덜 몰입된다.		●

문항	사실	속설
승진은 항상 직원몰입을 촉진한다.		●
몰입은 모두 비용과 관련이 있다.		●
몰입은 모두 내부적인 것이다.		●
몰입의 존재는 오직 하나의 정의뿐이다.		●
구성원들을 둘러싼 세계는 그들의 몰입 수준에 영향을 미치지 않는다.		●
직원몰입은 직원의 경력 동안에 동일하게 유지된다.		●
주요 사건이나, 중대 사건은 직원몰입에 영향을 미치지 않는다.		●
몰입된 구성원들은 항상 직장과 그들의 관리자와 함께한다.		●

Worksheet 3-1 시작 단계에서 관찰된 행동

행동	직원 이름 (복수 가능)
다른 사람들이 관료주의, 규칙, 규정, 보상, 금기 사항과 같은 문제에 대해 일터의 암묵적인 규칙을 배우기 위해 어떻게 행동하는지 관찰한다.	
과업 및 책임, 목표 및 목적에 대한 정보를 얻는다.	
일의 습관 및 루틴을 설정하고 실행한다.	
팀 내·외부의 다른 사람들과 관계를 구축하려고 노력한다.	
자신과 관리자를 포함한 다른 사람들 사이의 유사점과 차이점을 찾는다.	
정보 및 지원 사항의 출처를 구분한다.	
소셜 미디어와 다른 곳에서 회사와 팀에 대해 높이 평가한다.	
회사 로고 및 기타 마크를 착용하고 표시하기 시작한다.	
회사에 대해 배우기 위해 조직 정착 프로그램에 적극적으로 참여한다.	
조직의 가치가 자신의 가치와 일치하는지 확인한다.	
리더 및 관리자의 모든 수준의 소통 방식에 주의를 기울인다.	

역자 후기

변화는 과정이다.

새로운 조직문화를 위해서 여러분을 도전하게 할 것이고 도전에 필요한 아이디어와 성찰을 찾을 것이다.

자존감과 자신감을 증가시켜 조직 안에서 큰 에너지와 열정을 방출할 수 있도록 도와줄 것이다.

당신이 하는 모든 일에 성과를 내기 위해 헌신할 때, 당신은 더 큰 긍정적 자부심을 느끼기 시작할 것이다. 이것은 당신의 자존감과 자신감을 높임으로써 에너지와 열정을 발휘하게 하는 원동력이 된다.

우리는 몰입이 가진 단순한 의미를 알기 위해서 이 책을 읽는 것이 아니다. 그리고 이 책을 처음부터 끝까지 읽도록 강요하지도 않는다. 이 책은 여러분이 좀 더 쉽게 몰입에 접근하고 도전하고 싶어지도록, 다양한 아이디어와 성찰을 찾도록 도와줄 것이다.

이 책은 좀 더 새로운 관점에서 새로운 방식으로 이끄는 자기 발견 여행으로 인도하게 될 것이다. 인식은 변화보다 앞서기 때문에 여러분은 무언가를 변화시키기 위해서 그것에 주의를 기울여야 함을 다시 배울 것이고, 그 변화에 수반되는 두려움을 극복해야 함을 알게 될 것이다. 진정한 몰입의 근간은 신뢰와 존중이라는 점, 진정한 경청을 위해서는 그들이 말하지 않는 것을 들어야 한다는 점, 그리고 하나의 사례가 모든 상황에 맞는 것은 아니라는 점까지 3가지 사실에 대한 이해를 전달한다.

이 책은 우리의 조직 안에서 가장 높은 수준의 몰입 수준을 찾기 위한 올바른 여정을 안내할 것이다.

2024년 3월

옮긴이 박철

참고 문헌

Aon Hewitt. (2012). *Making Employee Engagement Happen: Best Practices from Best Employers*, http://www.aon.com/human-capital-consulting/thought-leadership/talent_mgmt/2012_Making_Employee_Engagement_Happen_Best_Practices_Best_Employers_White_Paper.jsp.

Aon Hewitt. (2011). *Trends in Global Employee Engagement*, http://www.aon.com/attachments/thought-leadership/Trends_Global_Employee_Engagement_Final.pdf.

Harter, Jim. (2012). *Mondays Not So "Blue" for Engaged Employees*. Gallup, http://www/gallup.com/poll/155924/Mondays-Not-Blue-Engaged-Employees.aspx.

Hewitt Associates. (2010). *Employee Engagement in Turbulent Times: How Other Organizations Are Performing*. www.hewitt.com.

Thomas, K.W. (2009). *Intrinsic Motivation at Work: What Really Drives Employee Engagement*, 2nd edition. San Francisco, CA: Berrett-Koehler Publishers, Inc.

Towers Watson. (2012). 2012 *Global Workforce Study, Engagement At Risk: Driving Strong Performance in a Volatile Global Environment*, www.towerswatson.com.

World at Work. (2011). *Total Rewards Model: A Framework for Strategies to Attract, Motivate and Retain Employees*, http://www.worldatwork.org/waw/adimLink?id=28330.